中学生写作活动

九年级 上册

姜元夫 编著

山东人民出版社
国家一级出版社 全国百佳图书出版单位

图书在版编目（CIP）数据

中学生写作活动．九年级．上册 / 姜元夫主编．-- 济南 ：山东人民出版社，2017.8
ISBN 978-7-209-09876-2

Ⅰ．①中… Ⅱ．①姜… Ⅲ．①作文课－初中－教学参考资料 Ⅳ．①G634.343

中国版本图书馆CIP数据核字(2016)第238896号

中学生写作活动 九年级上册
姜元夫 主编

主管部门 山东出版传媒股份有限公司
出版发行 山东人民出版社
社 址 济南市胜利大街39号
邮 编 250001
电 话 总编室（0531）82098914
市场部（0531）82098027
网 址 http://www.sd-book.com.cn
印 装 山东华立印务有限公司
经 销 新华书店

规 格 16开（170mm×240mm）
印 张 10
字 数 100千字
版 次 2017年8月第1版
印 次 2017年8月第1次
印 数 1—5000
ISBN 978-7-209-09876-2
定 价 19.80元

说　明

语文是基础教育阶段的重要课程，而作文则是语文课程的重要内容。语文成绩看作文，作文基础在初中，初中是中学生学写作文的黄金时段，只有在这个时段进行正确的引导和科学的训练，才能使学生奠定坚实的写作基础。为此，编者从当前初中作文教学实际出发，在多年来致力研究的“初中作文目标序列训练”课题成果的基础上，吸收近年来全国各地作文教学改革的成功经验，编写了这套《中学生写作活动》，供教师教学、学生自修和家长辅导时参考使用。

《中学生写作活动》依据国家义务教育《语文课程标准》对初中学段提出的写作要求确立活动目标，按照课内与课外兼顾、阅读与写作互补、理论与实践结合、应用与应试并重的教学思路组织活动内容，遵循初中学生的认知规律和发展需求安排活动过程，积极创设明白、有序、实用、高效的教学机制，通过循序渐进的教学活动，实现学生作文与做人相互促进、基础与能力同步提高的教学目的。

本书的突出特点是教与学的活动性，主要体现于以下四个方面：

一、开放的活动设计

写作是实践性很强的语文活动，封闭的课堂、孤立的训练和偏执的观念很难有效地培养学生的写作能力。因此，编者对课内与课外、写作与阅读、应用与应考等各个方面进行探索，打破定势思维的束缚，以开放的活动理念指导教学行为。其一，将写作活动由课内扩展到课外，建立起课内自主写作和课外自由实践两大活动序列，从根本上解决课堂内外脱节的弊端，实现写作和实践的互补与交融。其二，将阅读和写作结合在一起，为学生提供指导性的基础知识和具有借鉴意义的写作范文，让学生通过阅读获得必要的写作知识，见识到相应的写作技巧并应用到自己的写作中，从而在阅读中借鉴，在借鉴中提高。其三，将实用文体的写作训练纳入活动范畴，通过自主写作或自由实践形成必要的应用能力，彻底改变考什么就练什么的短视行为，为学生将来走向社会、服务社会奠定基础。

二、明确的活动目标

根据《语文课程标准》对初中学段提出的写作能力要求，并充分考虑到思想教育、情感价值、文化内涵等诸多方面的因素，本书将全部能力要求化为明确的写作目标，以题目形式呈现在每一次写作活动中，作为全程写作活动的纲领性目标。同时，将每一项纲领性目标细化为2～3个相应的具体目标，作为每次写作活动达标训练的实施依据。这些目标基本上涵盖了初中写作活动的全部能力要点，彼此间各自独立又相互联系，形成梯度分明的完整目标体系，为初中学段的全程写作活动提供了保证。

三、有序的活动过程

按照循序渐进的原则，本书将活动全程分为三个阶段：第一阶段为七年级上册，是小学作文与初中作文接轨的过渡阶段，指导学生明确作文与生活、认知与表达的关系；第二阶段为七年级下册至九年级上册，是学生作文由入门到提高的发展阶段，系统培养学生记叙、说明、应用、议论等不同文体的写作能力；第三阶段为九年级下册，是学生作文能力持续发展的提升阶段，重点培养学生升学应考的实际写作能力。

每学期的写作活动，均按照自主写作活动和自由实践活动两大序列组织活动内容。自主写作活动包括写作导航、阅读借鉴、专项探究、综合演练四个活动板块。其中，写作导航、阅读借鉴是“读”的活动，前者为一篇知识性的指导论文，后者包括佳作魅力、习作风采两组借鉴范文。专项探究、综合演练是“写”的活动，前者为针对性的片断练习，包括自由表达、合作学习两个活动项目；后者为综合性的成文写作，包括自主写作、交流评议和修改升格三个活动项目。四个活动板块环环相扣，形成读、写、评、改一体化的活动链条，活动序列极其分明。自由实践活动包括活动指导、借鉴实例和实施建议三个活动板块。其中，活动指导和借鉴实例属于阅读范畴，前者为一篇指导性的短文，后者为相应的活动方案或借鉴文章。实施建议属于实践范畴，因活动内容的丰富性和活动形式的多样化，故以“建议”形式呈现，以利于拓宽活动范围，充分发挥学生的创造性。

四、自主的活动形式

自主学习、合作探究是《语文课程标准》倡导的基本理念，本书以活动化的教学设计为学生搭建了自主学习、合作探究的平台，充分体现了活动形式的自主性。其一，学生的阅读活动是自主的，通过自行阅读指导论文明确活动的内容、意义和方式，通过自行阅读借鉴范文获得有益的启示。其二，学生的课内写作活动是自主的，能够在宽松、和谐的学习氛围中自由表达思想，自由进行交流和评议；学生的课外实践活动也是自主的，既有活动中的参与、探索、合作和互动，也有活动后的感悟交流和成果展示。

这种自主的活动形式重视学生的主体地位，重视写作的操作过程，重视在写作过程中体现学生的自我价值，极大地激发了学生的写作潜能和写作积极性，从而使学生产生强烈的写作信心和成就感，将“乐于作文”变成自觉的意识和行动；同时，也将老师从繁重的作文批改中解放出来，以更多的精力和更大的热情在写作教学中发挥出更有效的主导作用。

《中学生写作活动》以开放的活动设计、系统的活动目标、有序的活动过程和自主的活动形式展现出全新的教学理念，经实验证明是一套切实可行并且行之有效的写作教学指导用书。作为写作教学指导用书，本书写作目标的确立和写作活动的编排基于教材又不拘泥于教材，本于课程标准又兼顾学生需要，于严谨中具有一定的灵活性。本书每学期安排8次自主写作活动和4次自由实践活动，具体活动可根据教学实际有所选择，建议每学期自主写作活动安排6～7次，自由实践活动安排1～2次。在自主写作活动中，“写作导航”和“阅读借鉴”可放在课前进行，课堂上再进行相应的“专项探究”和“综合演练”。“专项探究”应组织学生由自由表达转向合作学习，“综合演练”活动可按照自主写作、交流评议、修改升格的活动流程进行。以上两个环节的活动，可安排两课时完成。自由实践活动因为活动范围比较广，时间跨度比较大，活动时应根据实际情况灵活安排。

《中学生写作活动》共六册。本册为第五册，供九年级上学期使用。

诚望各级领导、各位专家和使用本书的广大师生提出宝贵的指导意见。

编　者

目 录

自主写作活动

自由实践活动

自主写作活动

ZI ZHU XIE ZUO HUO DONG

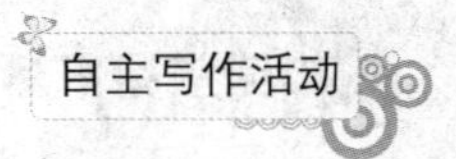

1 明确议论的要素和要求

活动目标

1. 明确议论文的基本要素，学会表述论点和选择论据。
2. 明确议论文的写作要求，能够正确提出论点并恰当使用论据。
3. 能写简单的议论文，做到观点材料统一。

现在，我们开始学写议论文。

有同学说，写记叙文容易，写议论文难。其实，这不过是一种错觉，写议论文并不是一件难事。议论文的本质是议论。议论，每个人都会，而且经常运用着——看见一件事，总想谈点看法；遇到不公平，就忍不住说道说道……这“谈点看法”“说道说道”，实际上就是议论。将这个议论的过程写出来，就是一篇议论文。

学写议论文，必须明确议论文的基本要素和写作要求。

一、议论文的基本要素

一篇完整的议论文，必须具备论点、论据、论证三大要素。

1. 论点。论点是作者阐述的观点，要用高度概括的语言表达，用明确表示肯定或否定的判断句式表述，例如，“谦虚是美德”是一个论点，而“说谦虚”

只能是一个论题，因为没有明确地表达出肯定或否定的意思。论点的位置，有的在文章开头，如吴晗的《谈骨气》，开篇即提出论点“我们中国人是有骨气的”；有的在文章结尾，如贾谊的《过秦论》，直到最后才得出论点“仁义不施而攻守之势异也”；还有的直接用题目做论点，如“有志者事竟成”“开卷有益”等。此外，也有个别情况，将论点放在文章中间。

2. 论据。论据是用来证明论点的材料，有事实论据和理论论据两种。事实论据是指真实具体的有代表性的典型事例。包括历史上曾经有过的和现实中实际存在的人或事。理论论据是指经过实践检验的被人们公认为正确的道理，包括科学原理、社会公理、人们的行为规范以及名言格言等。事实论据用事实说话，具有很强的说服力；理论论据靠经典性取胜，可以增加论点的“权威性”。两种论据都是证明论点所必需的。

3. 论证。论证是用论据证实论点的全部推理过程，其作用是证实论点的正确性。论证的一般思路是“提出问题——分析问题——解决问题”，常用的论证方法有举例论证、道理论证、对比论证、比喻论证、引用论证等。

一篇议论文，就是由以上三大要素构成的。其中，论点是解决“要证明什么”的问题，论据是解决“用什么证明”的问题，而论证则是解决“怎样证明”的问题。三大要素各司其职，任何一个都不容忽视。

二、议论文的写作要求

写好一篇议论文，必须提出明确的论点、使用恰当的论据并做到观点材料统一。

1. 提出明确的论点。论点是一篇议论文的核心，提出明确的论点是写好议论文的第一步。提出论点要求做到正确、鲜明、集中。所谓正确，就是客观反映事物的本质，符合事物的发展规律，符合时代精神，具有积极的社会意义和教育作用。所谓鲜明，就是肯定或否定什么，赞成或反对什么，一切都要旗帜鲜明地亮出来，决不可模棱两可，让人无所适从。所谓集中，是说一篇议论文只能有一个中心论点，所有论述都是围绕这一中心论点展开的。

2. 使用恰当的论据。论据作为支撑论点的理由和依据，使用时要求做到真实、典型、新颖。首先是真实，无论使用历史事例还是现实事例，都必须是曾经有过的客观存在的真人真事，不能夸大或缩小，更不能歪曲或编造。只有真实，论点才能成立。其次是典型，即作为论据的材料具有广泛的代表性和普遍性，而不是个别的、偶然的现象。“兵不在多，独选其能；药不贵繁，唯取其效。”古人的这句话，充分说明了论据典型的重要性，只有典型才有说服力。再次是新颖，要尽量选用时代感较强的、别人没有用过或很少用过的材料，即使用熟悉的材料也要努力挖掘出新意。这样才会使读者耳目一新，从而获得全新的感受。

3. 做到观点材料统一。观点材料统一就是论点论据的统一，即论点能够统帅论据，论据能够说明观点。初写议论文，常见的毛病是观点材料不统一，为了避免这种情况，就要对用到的论据材料进行认真的分析，能说明观点的，保留；不能说明观点的，舍弃。只有这样，观点材料才能统一。有位同学为了证明“要想有成就，必须珍惜时间”这样一个论点，用到了两则论据，一则是数学家陈景润为摘取哥德巴赫猜想“皇冠上的明珠”，每天都到图书馆查找资料，有一次被锁在图书馆里而毫无所知；一则是居里夫人在法国读书时每天总是第一个到教室，晚上还坚持在自己家里苦读到深夜。这两则论据虽然很好，但用来证明“惜时会出成就”就不是恰当的了，因为前一则强调的是“专心”，后一则强调的是“有恒”，虽然与论点有联系，但毕竟不是证明论点所需要的。

做到观点材料统一，还要对用到的材料进行严格的审核和慎重的选择。如果是事实论据，就要审查一下材料是否属实；如果是理论论据，就要核对一下引文是否有误。要知道，事例的无中生有或引文的张冠李戴，都会破坏观点材料的统一。

按照论证的不同方式，议论文可以分立论和驳论两大类。立论是正面阐述自己的见解和主张，驳论是通过对错误观点的批驳树立正确的观点。立论和驳论的共同特点都是以理服人。只有做到论点正确、论据准确、论证严密，才能够令人信服。

明确了议论文的基本要素和写作要求，我们就可以尝试写议论文了。

阅读借鉴

佳作魅力

国学应该是大国学

□季羡林

现在国学特别热，但是年轻人对国学的概念比较模糊，不太清楚。那么，什么是“国学”呢？简单地说，“国”就是中国，“国学”就是中国的学问，传统文化就是国学。

现在对传统文化的理解歧义很大。按我的观点，国学应该是“大国学”的范围，不是狭义的国学。

既然这样，那么国内各地域文化和56个民族的文化，就都包括在“国学”的范围之内。地域文化和民族文化有各种不同的表现形式，但又共同构成中国文化这一文化共同体。举个例子，比如齐文化和鲁文化，也不一样。“孝悌忠信”是鲁文化，“礼义廉耻”是齐文化。就是说鲁文化着重讲内心，讲内在的；齐文化讲外在的，约束人的东西多。“孝悌忠信”是个人伦理的修养；“礼义廉耻”，就必须用法律来规定，用法律来约束了。鲁国农业发达，鲁国人就很本分地在务农。齐国商业化，因为它靠海，所以姜太公到齐国就以商业来治国。具体的例子，如“刻舟求剑”，这种提法就是沿海文化的。而“日出而作，日落而息”，恐怕就代表鲁文化了。齐鲁文化互补，是中国传统文化的重要组成部分；但是齐鲁文化以外，其他地域文化也很重要。过去光讲黄河是中国文化的中心，我是不同意的。长江文化、其他地域文化，其实都应该包括在国学里边。敦煌学也包括在国学里边。

咱们讲文化交流，文化交流有两种形式，一个是输出的，一个是进来的。敦煌是进来的代表，很多文明程度很高的国家的文化，都到过敦煌。佛教从国外进来，经过很长时间的演变，形成了有中国特色的中国佛教。敦煌里边有很多内容是佛教的，也有其他文化的，是古代中国吸收外来文化的最后一站，再往下就没了。

吐火罗文的《弥勒会见记》剧本，是不是也算国学？当然算，因为吐火罗文最早是在中国新疆发现的。另外，很多人以为国学就是汉族文化。我说中国文化，中国所有的民族都有一份。中国文化是中国56个民族共同创造的，这56个民族创造的文化都属于国学的范围；而且后来融入中国文化的外来文化，也都属于国学的范围。

我们现在的国学研究还很粗糙，很多应该包括的内容还没有挖掘出来。

历史不断发展，不断地融入，这是没有时间界定的。儒家、道家是传统文化，佛家也是啊，把佛家排除在外，是不对的。

（摘自《人民日报·海外版》）

简 评

季羡林先生在这篇文章中明确提出自己的观点：国学应该是大国学。然后列举事例进行论证，以齐鲁文化的差异、敦煌文化以及其他少数民族文化事例证明了大国学的范畴。文章论证严密、逻辑性强。所举事例看似随手拈来，却具有典型性，富有说服力。

谈耐心

□李少春

《易经》中有这样一句卦辞："潜龙勿用。"其引申的含义是，当自己处于弱小时，须藏锋守拙，隐忍待机，不可轻举妄动。其实，无论做大事还是小事，都要有长久的耐心。如果产生急躁的情绪，往往就会跌入失败的深渊。

西汉开国皇帝刘邦，当年挟消灭楚霸王项羽的余威去攻击匈奴，认为可以一劳永逸地解决边患。孰料，由于自身力量彼时不够强大却偏要挑战强敌，令自己深陷"白登之围"，险些成为阶下囚。第一次把中国人的足迹留在茫茫太空的英雄航天员翟志刚，曾先后落选"神五"和"神六"的载人发射，与飞天梦想失之交臂。然而他毫不气馁，而是拿出更加刻苦的劲头训练，耐心等待时机到来，终于在42岁那年一飞冲天，成为中国"飞得最高、走得最快"的人。

保持耐心其实不是一件容易的事。有一些年轻人，虽有"初生牛犊不怕虎"的冲劲，也不缺乏"海阔凭鱼跃，天高任鸟飞"的抱负，但遇到困难和挫折时，往往就会失去耐心，变得不冷静。不冷静就会冲动，冲动之后难免会犯错误，使实现雄心的道路变得艰难。再比如，有的“新官”上任伊始，想踢好头三脚，烧好三把火。孰料，情况不明，仓促出手就会漏洞百出，给以后工作造成被动……以上种种，都应了一句俗语：“心急吃不了热豆腐。”

如何能做到遇事有耐心？我想，冷静的心态和坚定的信念是至关重要的。冷静的心态能让你保持理性的认识，帮助你在正确的时间里做出正确的决定：弱小时韬光养晦，强大时乘胜追击。而坚定的信念能将你所有的力量集中到一个方向，能让你目标恒定，坚定自己的步伐，不到最后，决不言败。就像《士兵突击》中的主人公许三多，虽然先天条件并不优越，但在“不抛弃，不放弃”的信念支撑下，默默工作，坚忍执着，最终到达成功的彼岸。

耐心，是一种坚韧，一种积累，更是一种信心和勇气。只要我们能对工作投以热情，对工作中所遇到的困难和阻碍抱以耐心，脚踏实地，一步一个脚印，就能架起一座通往成功的桥梁，实现自己的雄心抱负。

（选自《解放军日报》2011.12.22，有删改）

简 评

本文开篇引用名言提出中心论点：无论做大事还是小事，都要有长久的耐心。接着分析有耐心的重要性，列举刘邦没有耐心导致战争失败和翟志刚耐心等待最终成就梦想的事例进行论证。然后指出做到耐心其实不是一件容易的事，再说明怎样才能有耐心。最后总结全文，强化论点。文章论点明确，论据充分，思路清晰，结构合理，值得一读。

习作风采

（一）

题 目

成熟的谷穗低着头，成熟的苹果红着脸……这是在启示我们：成功来自谦逊。古人说得好：“满招损，谦受益。”无论历史上还是现实中，凡是有所成就的人都是谦虚好学的人，而骄傲自大的人往往一事无成。所以，“谦虚使人

进步，骄傲使人落后”。

请以“谦虚”为话题写一篇议论文。

要求：①自拟题目；②论点明确，论据充分，结构完整，语言通顺；③不少于600字。

点　拨

“谦虚”是一个熟悉的话题，几乎人人都明白谦虚使人进步的道理。写好这篇作文，关键在于将这个道理用议论文的形式表现出来。

首先要确定写作的论点，并且用肯定或否定的判断句式表示出来。命题要求自拟题目，其实拟题的过程就是立意的过程，立意确定了，论点就有了，题目也就拟出来了。立意时可以从正面立意，也可以从反面立意，还可以正反结合着立意。无论从什么角度立意，都必须考虑中心的明确和内容的集中。

其次要考虑证明论点的论据，保证使用的论据都能够起到应有的论证作用。在此基础上很好地梳理一下论证思路，安排好文章的篇章结构，做到观点与材料统一。这样，就可以写出符合命题要求的议论文了。

例文与点评

虚心使人进步

□白鸽

孔子是我国古代伟大的思想家、教育家，他曾说过“敏而好学，不耻下问”的话。不耻下问是虚心学习的一种表现，一个人只有虚心学习，才能不断进步。

开头由孔子的话引出论点，论点就是题目。

所谓虚心，就是不自满，肯接受别人的意见。虚心学习，不耻下问，不仅是一个人应该具备的人生态度，更能体现出一个人的素养和品质。

解释“虚心”的含义，指出虚心学习的重要性。

如果一个人虚心好学，不耻下问，善于倾听别人的意见，那么，他就会不断进步，取得成功。历史上取得成功的人，都具有虚心的品格。在群雄逐鹿的东汉末年，刘备为了成就一番事业，不耻下问，三顾茅庐去拜见诸葛亮，向他请教治国平天下的良策。诸葛亮被他的诚心所感动，出了山，于是就有了三国鼎立的历史局势。如果他骄傲自满，自高自大，那么，诸葛亮肯定是不会出山辅佐他的。实际上，诸葛亮之所以经三请而后出，最主要的原因就是考验刘备是否具备虚怀若谷、知人善任的品质。反之，如果一个人总是骄傲自大，不肯接受别人的意见，那么，他在生活中肯定会是一个失败的人，跟刘备同时代的袁绍就是一个典型例子。袁绍自恃四世三公的高贵出身，骄傲自大，刚愎自用，从来听不得相反的意见。在官渡之战前，他听不进谋士许攸的正确意见，逼得许攸投奔曹操，结果导致自己在官渡之战中一败涂地。

这段文字是议论的重点，以刘备和袁绍的历史事例为论据，从正反两方面进行论证。事例具体，分析全面，有一定代表性，因而具有说服力。

爱因斯坦是20世纪最杰出的科学家，他的相对论发表以后，获得了很高的声誉和奖赏，但是他却谦虚地说："用一个大圆圈代表我所学的知识，而圆圈外面是那么空白，对我来说意味着无知；而且圆圈越大，它的圆周就越长，它与外界空白的接触面积就越大。由此可见，我不懂的东西还很多。"正因为爱因斯坦在荣誉面前不骄傲、不自满，谦虚好学，不断探索，才为物理科学做出了巨大的贡献。

用爱因斯坦的事迹做论据，既进一步证明了观点，也丰富了内容。

像孔子、爱因斯坦这样的伟人尚且谦虚好学，我们中学生又有什么值得骄傲呢？现在，我们正处于积累知识、培养品格的关键时期，因此要养成虚心好学、不耻下问的优良品德，以期取得更大的进步。

结尾联系实际，增强了针对性和现实性。

（二）

题　目

阅读下面的材料，自拟题目，写一篇不少于600字的议论文。

最近杂志上有一篇题为《人生最重要的几个字》的文章，该文寥寥数语，却折射出为人处世的很多道理。文中写道：

最重要的六个字：我承认我错了；

最重要的五个字：你做得很好；

最重要的四个字：你觉得呢；

最重要的三个字：麻烦你；

最重要的两个字：我们；

最重要的一个字：我。

点　拨

这是一道材料作文命题。写好这道作文命题，首先要理解材料中六句话折射出的人生道理：我承认我错了——认错改错的胸怀和勇气；你做得很好——对他人的赏识和尊重；你觉得呢——善于征求别人意见，不自以为是；麻烦你——讲究礼貌，有诚意；我们——集体精神，团队意识；我——正视自我，完善自我，塑造卓越的自己。

六句话高度概括了做人的道理，试图全部写进文章中是不现实的，也是不可取的。因此，写这篇作文最好选取其中的一句话进行议论。先根据自己的理解从这句话生发出一个论点，再选择能够证明论点的恰当论据，最后按照观点材料统一的要求组织文章就可以了。

例文与点评

为他人开一朵尊重的花

有一篇题为《人生最重要的几个字》的小文章，里面有一句话给我留下了深刻的印象："最重要的五个字：你做得很好。"

以材料中的一句话为切入点引发议论。

"你做得很好"是一句表示肯定的话，表现了对他人的尊重和赏识。由此我想到了西方流传的一句谚语："关心他人，尊重他人，承认他人的价值，是我们善待他人的方式。""你做得很好"这句话，不正是善待他人的具体表现吗？善待他人是一种美德。在日常交际中，我们要学会善待他人，为他人开一朵尊重的花。

结合一句西方谚语进行分析，提出论点。

善待他人，要怀着一颗尊重他人的心。2003年底，王宝强获金马最佳新人奖，他去台湾参加颁奖仪式。上卫生间时，由于不会使用感应水龙头，一时显得很尴尬。碰巧刘德华从卫生间出来，见此一幕，他便假装自己手没洗干净，回去重洗，在王宝强面前不动声色地进行了"示范"操作，巧妙地为王宝强解脱了窘迫的处境。试问，一位成功的艺人都知道在日常小事上尊重并善待他人，我们又怎么能无动于衷呢？

将论点化为三个分论点，论述怎样善待他人。

分论之一：要怀有一颗尊重他人的心——用正面事例进行论证，有叙述，有分析。

善待他人，要学会换位思考。也就是说，遇事不要只考虑自己，还要为对方着想——假如将对方换作自己，又会怎样？这样，做事就不会伤害他人的尊严了。曾经有这样一件事：班上一位个子矮的同学想报名参加篮球队，可是体育委员不同意，还当众对他冷嘲热讽。那位同学觉得受到了侮辱，当场就与他扭打起来。结果，体育委员不仅吃了几个拳头，还被其他同学笑话了一场。

分论之二：要学会换位思考——用反面事例进行论证。事例比较具体，但缺少必要的分析。

善待他人，还要学会为他人喝彩。对他人的成功，不要吝惜自己的赞美，一句"你做得很好"，就是对他人成功的最大肯定。我们每个人都想得到他人的肯定，也不愿被他人瞧不起。但是，你瞧不起他人，又怎么能让他人瞧得起你呢？美国人卡耐基曾说："要想别人怎样待你，就得先怎样对待别

分论之三：要学会为他人喝彩——论证尊重他人的方式和意义。

引用名人言论和古语，增强了说服力。

人。”古话说：“投之以桃，报之以李。”表达的就是这个意思。在日常生活中，我们如果能发自内心地赞美别人，自然也能收到别人发自内心的赞美。那么，我们的人生将会变得多彩多姿。

善待他人是对他人的尊重。我们要学会对别人说“你做得很好”，懂得善待他人。这样，我们就能够在尊重他人的同时也赢得他人的信任和尊重。

结尾进行归纳，照应了开头，也强调了论点。

专项探究

提炼论点，选择论据

自由表达

1. 从下面材料中提炼出的几个论点，你认为都恰当吗？请在括号内分别用“√”或“×”标出，并简要说明理由。

沙滩上撒满了闪亮的贝壳，像是掉了一地繁星。

那孩子拾起一个贝壳看着，随手就把它丢弃。他已经寻找了一个下午，始终没有找到他心中那最美丽、最稀罕的贝壳。

夕阳把海和天空染成一层深深的紫色。他的伙伴们快乐地哼着歌儿，提着满满一篮子贝壳走了，只有他仍孤独地拖着长长的影子，在海滩上茫然地寻找。海浪呼啸着，洗去了沙滩上的小小足迹，他手中的篮子仍然空着。

①学习知识贵在积累（　）________________

____

②最宝贵的东西往往是最难得到的（　）________________

____

③见异思迁，必将一事无成（　）________________

____

④目标明确才能有收获（　）________________

____

2. 阅读下面一段话，根据这段话陈述的事实提炼一个明确的论点。

父母可以陪伴你上半生，却无法呵护你下半生；儿女能够陪伴你下半生，却不可能参与你的上半生……你无法在所有的时空里称心如意地拥有你想要的全部天伦之乐，就像一只鸟，无法在每一个季节都拥有自己优美的歌喉。于是有了孔子“父母在，不远游”的教诲，有了“香九龄，能温席”的孝行，有了“子欲养而亲不待”的慨叹……

论点：________________________________

3. 下面是同学们在作文《学贵有恒》中用到的论据材料，请按照材料必须说明观点的要求进行分析，看看这些材料是否都恰当。

①滴水穿石的现象。

②海绵吸水的道理。

③“低头的谷子穗子大，抬头的谷子穗子小”的谚语。

④李白“铁杵磨成针”的故事。

⑤陶渊明“勤学如春起之苗，不见其长，日有所增；辍学如磨刀之石，不见其损，日有所亏”的话。

⑥李时珍为写《本草纲目》亲历千山，亲尝百草的事迹。

（1）以上材料恰当的是（只填序号）：________________

（2）任选恰当的一例，说明理由：__________________

____

4. 分析下面材料，提出明确论点，选用恰当论据，写一段不少于100字的议论文字。

从前有个财主，羡慕人家住的三层楼房，于是筹备材料，召集工匠，要盖一座跟人家一样的三层楼。开工后，财主见工匠们忙着打地基，火了，大声训斥道：“你们这是干什么？我要的只是第三层！”

____

____

____

____

____

合作学习

1. 交流自由表达的学习结果。

2. 联合国教科文组织出版的《学会生存》一书中有这样一句话：“未来的文盲，不再是不识字的人，而是没有学会怎样学习的人。”你认为这样的说法对吗？请跟同学一起进行讨论，各自说说自己的看法。

综合演练

阐述一个道理

自主写作

1.“临渊羡鱼，不如退而结网”这句话，出自《汉书·董仲舒传》。意思是说，与其站在河塘边幻想着鱼儿到手，还不如回去下功夫结好渔网，这样就不愁得不到鱼了。

你理解这句话蕴含的道理吗？请自拟题目，写一篇议论文表达自己的认识。

要求：①有明确论点和恰当论据，观点材料统一；②不少于600字。

2. 英国大文学家萧伯纳说：“你我是朋友，各拿一个苹果彼此交换，交换后仍然是各有一个苹果；倘若你有一种思想，我也有一种思想，那么交流后每人就有两种思想了。”

交流，使我们不再孤独；交流，让天涯近在咫尺……请以“交流”为话题，写一篇文章阐述萧伯纳这句话包含的道理。

要求：①自定立意，自拟题目；②除诗歌、戏剧外，文体不限；③不少于600字。

3. 每日清晨，非洲的羚羊从睡梦中醒来，所想的第一件事就是：我必须跑得比狮子快，否则就会被狮子吃掉。而这时狮子也睁开了睡眼，它脑海里冒出的第一个念头就是：我必须追上跑得最快的羚羊，否则就会被饿死。

自然界中，物竞天择，适者生存。那么人类社会呢，是否也存在着这样的生存法则？请思考这个问题，写一篇议论文做出回答并阐述道理。

要求：①自定立意，自拟题目；②联系实际，有明确论点和恰当论据，论证合理；③结构完整，语言通顺；④不少于 600 字。

交流评议

跟同桌进行交流或以小组为单位进行评议，然后依据本次活动的写作目标和要求，填写作文质量评价表。

修改升格

根据同学的评价意见和老师的指导要求，在原稿上对自己的作文进行修改，然后整理出升格后的作文。

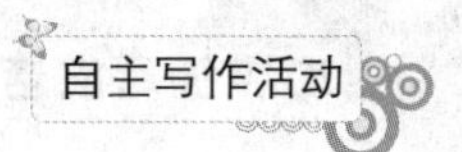

2 把握论证的思路和方法

·活动目标·

1. 明确议论文"提出问题—分析问题—解决问题"的基本思路。
2. 把握例证法、引证法、喻证法、比较法等常用的论证方法。
3. 能够根据需要恰当运用论证的方法进行议论。

写作导航

议论文是由论点和论据组成的，但孤立的论点和论据不是议论，只有遵循论证的基本思路并借助于一定的论证方法，才能够明白地表达出议论的意思。

一、论证的思路

什么是思路？思路就是思考的路线，是人们对问题进行思考时的思维活动。思路正确与否对于认识问题、解决问题起着至关重要的作用，思路正确就会顺利地解决问题，而思路错误则会误入歧途。因此，写议论文一定要遵循论证的思路。

所谓论证的思路，实际上就是组织材料证明论点的逻辑顺序。因为议论文是以议论为主要表达方式的，而议论，一般需要提出一个问题，接着加以分析，然后给出解决的办法，所以论证的基本思路是"提出问题—分析问题—解决问题"。

1. 提出问题。提出问题是议论的开始，因为提出的问题是论题中要求证明或需要解决的，因此提出问题要有针对性和可论性，尽量以最简练的语言提出议论的问题，尽快表明自己的立场、观点或态度。

2. 分析问题。分析问题是议论的主体，包括对论点的分析和对论据的分析。对论点的分析，要考虑问题的性质、涉及的各个方面以及事物或事理之间的内部联系，将论点化为若干个密切相关的分论点，并安排相应的论据予以证明；对论据的分析，要充分把握论据的性质，能够根据论证的需要，从真实性、权威性等各个方面对论点给予支持。

3. 解决问题。解决问题是议论的结束，需要在分析的基础上，对提出的问题给以明确的答复，或强调中心论点，或提出解决办法，或展示发展趋势，或引起人们注意等，并且与提出的问题和对问题的分析保持一致。

二、论证的方法

所谓论证方法，就是用论据证明论点的方法。为了使论证有力量，在论证的过程中常常用到一些必要的论证方法。论证的方法有例证法、引证法、喻证法、比较法、归谬法、归纳法和演绎法等，写一般性的议论文经常用到的是以下四种：

1. 例证法。例证法也叫事例论证，就是用典型事例作论据来证明论点。例证法是议论文写作中最常用的论证方法，也是最有说服力的论证方法。使用例证法，要注意以下四点：其一，选用的事例必须典型、确凿、有影响力。其二，列举事例尽量避免单调，最好有古有今，兼及中外；列举的事例也不宜太多，力求做到点面结合；详略得当。其三，叙述事例要简明扼要，能证明论点就行了，切不可本末倒置。其四，对用到的事例要进行必要的分析，能够揭示出事例与论点的必然联系。

2. 引证法。引证法也叫道理论证，就是引用理论论据证明论点。因为引用的理论论据都是被实践证明了的科学原理或世人公认的社会公理、名言等，所以具有很强的说服力。使用引证法，要注意以下三点：其一，按照对证明论点有用的原则，将最恰当的理论论据引用到最需要的地方。其二，引用不宜过多，因为引用的目的是为了证明自己的见解，如果引文过多，将会淹没分析。其三，注意直接引用和间接引用的区别——直接引用必须是原文语句，文字、标点要准确无误；间接引用可以只述大意，但必须符合原意，不能歪曲。

3. 喻证法。喻证法也叫比喻论证，就是用比喻或打比方的方法来说明道理。因为用人们熟知的事物或道理作比，又具有形象性，所以能化抽象为具体、化深奥为浅显、化枯燥为生动，容易将论点阐述得更明白。使用喻证法，要注意以下几点：其一，所设的比喻要跟需要证明的论点有必然的联系。其二，所设喻体必须是人们熟悉的事物。其三，不求形似，但必须神似。例如鲁迅在《拿来主义》中用“大宅子”比喻文化遗产，用继承“大宅子”比喻继承文化遗产的关系，就是成功运用喻证法的典型例子。

4. 比较法。比较法包括对比法和类比法。

对比法又叫对比论证，就是把正反两方面的论点和论据加以对照分析，从而否定错误观点，树立正确论点。例如毛泽东在《为人民服务》中说：“为人民利益而死，就比泰山还重；替法西斯卖力，替剥削人民和压迫人民的人去死，就比鸿毛还轻。张思德同志是为人民利益而死的，他的死是比泰山还要重的。”毛泽东对张思德同志牺牲价值的肯定，就是通过对比论证推论出来的。对比论证的特点是相反相对，因此，对比的双方必须有正与误、是与非、新与旧的对立关系，对比之后必须有明确的判断，要鲜明地表现出自己的主观倾向。

类比法又叫类比论证，就是对同类事物或者具有共同点的两类事物进行比较，根据某类事物具有的特性，推论出另一类事物也可能具有相同的特性。例如《晏子使楚》中，晏子针对楚王“齐人固善盗”的谬论，用类比法指出“橘生淮南则为橘，生于淮北则为枳”的原因是“水土异也”，由此推论出“民生长于齐不盗，入楚则盗”的原因是“楚之水土使民善盗”。这就顺理成章地攻破了楚王的谬论，有力地反击了楚王的羞辱。类比论证的特点是相似相类。因此，用于类比的两类事物决不可相反或相对，类比之后也要有必要的分析。

以上四种论证方法都是写议论文时经常用到的，究竟使用怎样的论证方法，要由证明论点的需要来决定。为了加强论证力量，一篇议论文往往综合运用多种论证方法。使用多种论证方法，要注意突出重点，切不可平均用力。

阅读借鉴

佳作魅力

成为你自己

□周国平

童年和少年是充满理想的美好时期。如果我问你们“你们将来想成为怎样的人”，你们一定会给我许多漂亮的答案。譬如说，想成为拿破仑那样的伟人，爱因斯坦那样的大科学家，曹雪芹那样的文豪，等等。这些回答都不坏，不过，我认为比这一切都更重要的是，首先要成为你自己。

姑且假定你特别崇拜拿破仑，成为像他那样的盖世英雄是你最大的愿望。好吧，我问你：就让你成为拿破仑，生长在他那个时代，有他那些经历，你愿意吗？你很可能会激动得喊起来：太愿意啦！我再问你：让你从身体到灵魂整个儿都变成他，你也愿意吗？这下你或许有些犹豫了，会这么想：整个儿变成了他，不就是没有自己了吗？对了，我的朋友，正是这样。那么，你不愿意了？当然喽，因为这意味着世界上曾经有过拿破仑，这个事实没有改变，唯一的变化是你压根儿不存在了。

由此可见，对于每一个人来说，最宝贵的还是他自己。无论他多么羡慕别的什么人，如果让他彻头彻尾成为这个别人而不再是自己，谁都不肯了。

也许你会反驳我：你说的真是废话，每个人都已经是他自己了，怎么会彻头彻尾成为别人呢？不错，我只是在假设一种情形，这种情形不可能完全按照我所说的方式发生。不过，在实际生活中，类似情形却常常在以稍微不同的方式发生着。世上有许多人，你可以说他是随便什么东西，一种职业、一种身份、一个角色，或别的什么，唯独不是他自己。如果一个人总是按照别人的意见生活，没有自己的独立思考，总是为外在的事务忙碌，没有自己的内在生活，那么，说他不是他自己就一点没有冤枉他。因为，确确实实，从他的头脑到他的心灵，你在其中已经找不到丝毫真正属于他自己的东西了，他只是别人的一个影子或事物的一架机器了。可见，真正成为自己可不是一件容易的事。

那么，怎样才能成为自己呢？这是真正的难题，我承认我给不出答案。我还相信，不存在一个适用于一切人的答案。我只能说，最重要的是每个人都要真切地意识到他的“自我的宝贵”，有了这个觉悟，他就会自己去寻找属于他的答案。在茫茫宇宙间，每个人都只有一次生存的机会，都是一个独一无二、不可重复的存在。正像卢梭所说的，上帝把你造出来后，就把那个属于你的特定的模子打碎了。名声、财产、知识等等都是身外之物，人人都可求而得之，但你对人生的独特感受是没有人能够替代的。你死之后，没有人能够代替你再活一次。如果你真正意识到这一点，你就会明白，活在世上，最重要的就是活出你自己的特色和滋味来。你的人生是否有意义，衡量的标准不是外在的成功，而是你对积极人生的独特领悟和坚守。坚持这一标准，你的自我才能闪放出个性的光华。

在历史上，每当世风腐败之时，人们就会盼望救世主的出现。其实，救世主就在每个人的心中。耶稣是基督教公认的救世主，可是连他也说：“一个人得到了整个世界，却失去了自我，又有何益？”这是金玉良言，值得我们永远牢记。

（选自《周国平论人生》）

简评

本文的中心论点就是文章题目：成为你自己。文章先以假设开头提出论点，然后依次论证为什么要成为你自己、怎样成为你自己，最后以耶稣的话结束全篇，指出救世主就在每个人心中，从而深化中心，发人深思。文章采用层进式的结构展开议论，论证层次井然有序。文章语言平实，富有哲理，用谈话的方式写，让读者感到如话家常，易于接受。

创新与想象

□王生平

艺术贵在创造，科学贵在创新。艺术是情感的表达，追求的是美；科学是理性的事业，追求的是真。二者似乎不搭界，但都离不开人类的想象力，是相互渗透、相互补充的。

艺术不是科学，但艺术创作却具有科学的品格，所谓增之一分则太长，减之一分则太短，就是这个意思。古人的“两句三年得，一吟双泪流”的深沉慨叹；今人把“你是没有骨气的文人”中的“是”改成“这”，而提议者被尊为“一字之师”；著名钢琴家因演奏成名的钢琴曲错了一音而后悔。这一切都说明了艺术上的一字之差、半拍之慢，是美感强弱的构成因素、决定成分。尽管艺术采用的是形象的表达方式，但它的表达也有一个基本的技巧适中问题，也要符合客观的规律即科学性。无科学性，艺术表达就不会有美感，也就难以为人所理解。

科学不是艺术，但科学发现也常有某种艺术创造的品格，即使有了新的突破、价值和意义，也会是“睫在眼前常不见”，只是有些“美妙”感，至于到底是什么东西，还是不能说清楚、道明白。杨振宁 20 世纪 50 年代关于“交换规范场论”的论文就经历了一个由不理解到理解的过程。“在 20 世纪 50 年代，我们只觉得这篇文章很美妙。到了 60 年代，才觉察到它的重要性。我到 1964 年以后才清楚认识到它跟数学的关系。”（《杨振宁文集》）电报的发明者美国人莫尔斯原本就是画家，1832 年 10 月他在由法国返回美国的轮船上，一名叫杰克逊的医生在介绍一种叫“电磁铁”的新器件时说：“实验已经证明，不管电线有多长，电流都可以神速地通过。”正是这句话使莫尔斯沉浸在神奇的幻想之中，他大胆设想：既然电流可以在瞬间通过导线，那么我们是否可以用电流来远距离传输信息呢？这个想法使他坐卧不安，从此以后，他告别了艺术，投身到科学领域，专门研究电流传输信息的问题，最终发明了电报。美国发明家郝奥发明缝纫机的针头，德国化学家凯库勒发现“苯环”结构，都是在“无意识”的梦中完成的。钢筋混凝土的发明者既不是著名的建筑师，也不是卓越的力学家，而是一位整天摆弄花草的法国园艺家约瑟夫·莫尼埃。这些事例意味着，科学发现并不只是理性思维的产物，它还依赖于艺术的想象力、创造力，依赖于人们的灵感和顿悟。

上述的创造和发现说明，艺术与科学、美与真，有重叠、有交融，二者是形象思维与理性思维的统一。王国维曾提到了这一现象，他通过对辛弃疾词《木兰花慢》——“可怜今夕月，向何处、去悠悠？是别有人间，那边才见，光影东头”的研究，认为“词人想象，直悟月轮绕地之理，与科学家密合，可谓神悟”。1964 年 8 月，毛泽东在同周培源、于光远谈哲学时也认为，“这首诗含有地圆的意思”。西方物理学家海森堡说“美是真理的光辉”，而爱因斯坦直接把科学发现称为“自由创造”，表达的均是同样的意思。为什么会这样？因为审美与科学殊途而同归：同归于历史、实践和生活，分途在求真、抽象与求美、具体的社会分工上。分工的优点是产生了专业和特长，缺欠是出现了职业的局限。中外先贤、学者给了我们以忠告。达尔文说，若有来生，不再成为制造公司的机器，每周要读诗、赏画、学音乐。工程院院士许国志诗云：“他生倘得从吾愿，甘为诗书再献身。”由于社会在发展、历史在前进，又由于生活、实践是整体的、不能分割的，产生了专业和特长的强强联盟，消化着消极的弊病，使二者互补成为主流，于是便有了科学与艺术相得益彰的态势。科技美学的诞生标志着这一点，而美育学科的建立，则意味着我国在促进人的自由而全面的发展方面将大有作为。

艺术与科学的关系启示我们，不论是理论创新、科技创新还是其他创新，都不仅需要科学的逻辑推理，而且需要艺术的想象力和创造力；不仅需要理性，而且需要感性、直觉、顿悟。因此，我们要不断提高理性思维能力，不断提高艺术品位和形象思维能力，这也是人的全面发展的重要内容。

（选自《当代学生》2008 年 Z2 期）

简 评

“创新与想象”不是论点，而是一个关系型的论题。围绕这一论题，文章开头先指出艺术与科学的特点，由此提出论点：二者“都离不开人类的想象力，是相互渗透、相互补充的”。

文章按照论证的一般思路进行论证，有两大特点非常突出：一是结构严谨——整体上采用总分式，本论部分采用层进式，二者有机结合，论证层次极其清楚；二是恰到好处地运用例证法和引证法，通过大量有代表性的科学家、艺术家的事例以及他们的精辟言论证明论点，具有极强的说服力。

习作风采

题 目

学校准备组织一次议论文写作比赛，比赛话题是“坚持与放弃”。你想参加吗？请围绕这个话题写一篇参赛文章。

要求：①写出完整的议论文；②必须提出明确的论点，论据充分，有说服力；③不少于600字。

点　拨

“坚持与放弃”是一个关系型的话题作文命题。写这一类的话题作文，首先需要弄清楚构成话题的两个要素的关系。关系型作文话题要素之间的关系主要有对立统一、是非取舍、并列共存、并非绝对等。对立统一关系的两个要素看似相互对立实际相互依存，不能顾此舍彼，如“平凡与伟大”；是非取舍关系的两个要素对错分明，只能选取其一，如“平凡与平庸”；并列共存关系的两个要素地位平等，可以共存，如“谦虚与表现”；并非绝对关系是两个要素之间的关系不是固定的，如“名师与高徒”。

“坚持与放弃”属于对立统一关系的话题，构成话题的两个要素都值得肯定，譬如：坚持是“黄沙百战穿金甲，不破楼兰终不还”的凌云壮志，放弃是“留得青山在，不怕没柴烧”的机敏睿智；坚持是“路漫漫其修远兮，吾将上下而求索”的信念，放弃是“宠辱不惊，看庭前花开花落；去留无意，观天上云卷云舒”的达观……写作时一定要注意这一点，千万不要肯定一方而否定另一方。这样，写作的大方向就不会出问题，只要观点明确，论据恰当，论证合理，就一定会写出符合竞赛要求的好文章。

例文与点评

坚持是一种可贵的品质

一位伟人说过，最后的胜利往往存在于再坚持一下的最后努力之中。我非常赞赏这句话，因为坚持是一种可贵的品质。

这种可贵的品质，具体表现为坚定的信念、坚强的意志和顽强的毅力。

坚持，需要有坚定的信念。“人生自古谁无死，留取丹心照汗青。”南宋的文天祥面对异族侵略者的威逼利诱宁死不屈。“火并不能把我征服，未来的世纪会了解我，知道我的价值的”，意大利科学

引用伟人的话提出论点，入题迅速。

将论点化为三个分论点，思考缜密。

引用文天祥、布鲁诺的话论证第一个分论点。

家布鲁诺坚持哥白尼的日心说，面对罗马教皇的火刑毫不动摇。正是有了这样的民族气节，这样的科学精神，他们才能够坚持到底，勇于献身。

坚持，需要有坚强的意志。我国伟大的史学家、文学家司马迁著述《史记》，经历了常人难以忍受的宫刑；苏联奥斯特洛夫斯基的《钢铁是怎样炼成的》，是在全身瘫痪、双目失明的情况下完成的。司马迁、奥斯特洛夫斯基以及无数像他们一样取得伟大成就的人，如果没有坚强的意志，很难想象会坚持到底。即使是平常简单的赛跑运动，如果没有意志的支撑，运动员也不会跑出好成绩。

列举司马迁、奥斯特洛夫斯基的事例论证第二个分论点。

坚持，还要有顽强的毅力。马克思写《资本论》历时40年，托尔斯泰写《战争与和平》历时37年；古代的李时珍编《本草纲目》历时30年，徐弘祖著《徐霞客游记》历时20年；就是20世纪那场记忆犹新的抗日战争，也足足打了8年。这么长的时间，如果没有顽强的毅力，要取得成功根本就是不可能的。

列举马克思、托尔斯泰、李时珍、徐弘祖的事例论证第三个分论点。

以上论证有论据有分析，且论据具有普遍性。

坚持是完成学业、成就事业的重要保证，无论学习还是工作，只有坚持到底才能成功。但坚持不是一句空话，而是不间断的实际行动。对于我们学生来说，坚持就是每一天都要努力学习，因为昨天是一张兑现了的支票，明天是一张需要等待的期票，而只有今天才是实际可用的现金。因此，我们必须珍惜今天，坚持把每一天的事情做好。

联系现实，比喻精彩。

全文思路清晰，论证合理，结构严谨。

放弃也是明智的选择

人生常常要面对很多选择，在选择的态度上，我认为既需要坚持，也需要放弃。有时候，放弃也

表明态度，提出论点。

是一种明智的选择。

古希腊哲学家柏拉图放弃了对导师苏格拉底唯物论的信仰，创立了自己的唯心论，成为西方客观唯心主义的创始人。美国人比尔·盖茨放弃了自己在哈佛大学的学位，投身商海创建微软公司，成就了20世纪人类世界的一个神话。柏拉图、比尔·盖茨都在人生的关键时刻做出了放弃的选择，而他们的放弃换来了成功。如果不放弃，历史上就少了一位有创见的哲学家，当今社会就少了一位世界首富。

先从个人命运角度进行论证，以柏拉图、比尔·盖茨的成功为论据。

运用假设，论证有力。

个人命运如此，民族、国家、政党、团体的命运也如此。1934年10月，面对国民党第五次“围剿”的严峻形势，党中央果断地做出了放弃中央苏区、红军主力突围的决定，于是就有了举世闻名的二万五千里长征。放弃的结果是保存了革命火种，开辟了新的革命根据地，进而取得了抗日战争、解放战争的伟大胜利，建立了新中国。假如当时不放弃，苏区红军也许早就被国民党消灭了，那样，中国的革命就不知道什么年月才能胜利。

再从民族、国家、政党、团体的命运角度进行论证，以当年红军放弃中央苏区保存革命火种的历史事实为论据。

由此可见，放弃也是必要的。问题在于什么情况下可以放弃，什么情况下不能放弃。什么情况下可以放弃，什么情况下不可以放弃呢？这要根据实际情况来决定。概括说来，凡是属于个人或小团体利益的事，不属于原则问题的事以及不符合客观实际的事，就可以放弃；而涉及国家、民族、人民的尊严和利益的事，涉及科学和真理的事，则坚决不能放弃。决定正确，会由被动转为主动；而决定错误，则会一败涂地。

这是一段极其精彩的论述——先承上肯定论点，再进一步进行分析。分析辩证，认识深刻，将表达的思想上升到一定的高度。

壁虎能断尾，因此能够长存于世；蜗牛不舍壳，所以只能爬行于地。

学会了放弃，才能够永远立于不败之地。

用形象比喻阐释了深刻的道理。

结论水到渠成。

用事实证明论点

自由表达

1. 用事实证明论点是写作议论文的最基本的论证方式。用于论证的事实，可以是真实的典型事例，也可以是具体的统计数字，请选用恰当的事实，证明下面提出的论点。

（1）我们班已初步养成了文明礼貌的好风尚。（用典型事例，100字左右）

（2）同学之间过生日，本来无可厚非，但随着生活水平的提高，同学们过生日的场面越来越大，礼物价值越来越高，有的同学说这是铺张浪费，你认为呢？（用具体数据，100字左右）。

2. 证明论点，可以用正面事例，也可以用反面事例，或者正反两方面的事例都用到。请围绕下面提出的论点，分别从正反两方面各举一个真实事例。

论点：尊老爱幼是中华民族的优良传统

（1）正面事例一则

（2）反面事例一则

3.“癞蛤蟆想吃天鹅肉”是人们经常用到的比喻，你怎么看？请按照下面提出的两个论点，选用恰当的论证方法分别写一段论证文字。注意：用事实说话，每段不少于100字。

A. 癞蛤蟆想吃天鹅肉，我认为是痴心妄想。

____

____

____

B. 癞蛤蟆想吃天鹅肉，我认为无可厚非。

____

____

____

合作学习

常用的论证方法中，除了学习过的例证法、引证法、喻证法和比较法外，还有归谬法、归纳法和演绎法。归谬法、归纳法和演绎法分别是什么样的论证方法？请讨教老师或者查阅有关资料，弄明白这三种论证方法。

活动提示：可分为三个行动小组，每组负责一种并做好记录，完成后进行交流。

综合演练

议论一种行为

自主写作

1. 下面是家庭饭桌上的对话，请根据对话内容提炼一个观点，自拟题目写一篇600字左右的议论文。

妈妈：“你吃饺子怎么不吃皮？这是浪费！”

女儿：“怕浪费，你吃呗！”

要求：①观点正确，标题醒目；②使用恰当的论据，有具体分析；③结构完整，语言通顺；④不少于 600 字。

2. 教学楼走廊窗子上的拉栓经常损坏，为此，学校把管理的任务分到了对应的各个班里。初二（3）班负责管理的同学是小明，有一天，他发现自己管理的拉栓又坏了，就趁人不注意，把初三（1）班的卸下来，安到了自己分管的窗子上。

小明的这种做法对吗？请自拟题目，针对这件事写一篇不少于 600 字的议论文。

3. 每次考试，总有几个作弊的，尽管学校采取了积极的防范措施，但作弊的事仍然时常发生，而且手段也越来越“高明”。对此你怎么看？请写一篇文章议论议论这件事。

要求：①自拟一个恰当的作文题目；②有明确的论点和恰当的论据；③论证合理，结构完整；④不少于 600 字。

交流评议

跟同桌进行交流或以小组为单位进行评议，然后依据本次活动的写作目标和要求，填写作文质量评价表。

修改升格

根据同学的评价意见和老师的指导要求，在原稿上对自己的作文进行修改，然后整理出升格后的作文。

3 合理安排论证的结构

活动目标

1. 明确议论文的论证思路，掌握论证的结构层次和结构方式。

2. 根据论证需要，合理安排议论文的论证结构。

3. 学会编写结构提纲。

写作导航

完整地写好一篇议论文，除了明确议论的要素和要求、把握论证的思路和方法之外，还需要合理地安排文章的论证结构。议论文的论证结构体现着论证的思路。明确议论文的结构层次，掌握论证的结构形式，有利于保持清晰的论证思路，从而充分发挥论据的作用，有力地论证论点的正确性。

一、议论文的结构层次

按照论证的基本思路，议论文的结构层次表现为引论、本论和结论。

1. 引论。引论也叫总论，是文章的开头部分，用来提出论点或点明论题，负责解决“是什么”的问题。议论文的引论有很多种写法，但刚开始写作议论文，最好开门见山提出论点，或者利用名言、典故、设问等方式引入，力求做到入题迅速，让读者一看就明白。

2. 本论。本论是文章的主体部分，具体用论据证明论点，负责解决“为什么”

的问题。这一部分是议论文写作的重点，文章观点是否正确，论据是否充实，道理是否明白，论证是否合理等一系列影响文章评价的因素，都体现在这一部分的写作内容和表现形式中。

3. 结论。结论是文章的结尾部分，是在充分论证的基础上得出来的，负责解决“怎么办”的问题。结论也有很多种写法，可以进一步强调论点，也可以用来表示决心、提出要求或解决问题的办法等，但无论怎么写，都必须跟论点保持一致。

二、论证的结构形式

议论文的结构体现论证的思路，“引论—本论—结论”是文章整体的表现形式。具体到论证过程中，有总分式、层进式、并列式、对照式等。

1. 总分式。这种结构形式的论证层次之间，是总说和分说的关系，有总分、分总、总分总等几种形式。这种结构形式的论证一般是将论点化为平行的几个分论点，然后分别进行论证，最后再回归到中心论点上。例如梁启超的《敬业与乐业》，先在引论中解释题目，提出中心论点：“‘敬业乐业’四个字，是人类生活的不二法门。”然后在本论中分别从“有业”“敬业”“乐业”三个角度进行论述，最后在结论中归纳全文，勉励人们敬业、乐业。全文按总分总的结构形式进行论述，论证层次极其分明。

2. 层进式。层进式也叫递进式，即用来证明论点的几个层次之间是逐层推进的关系。层次之间逐层推进的关系主要有两种情况：其一，彼此间有逻辑关联，譬如由现象到本质、由原因到结果、由特殊到一般等。假如写一篇文章议论环境污染问题，我们就可以从环境污染的某一现象入手，分析其危害，探究其原因，寻求其解决办法，这样环环相扣，步步深入，议论就有了深度。其二，彼此间有轻重主次之分。譬如写一篇怎样做到严于律己的文章，可以从虚心听取别人意见、勇于进行自我批评、努力提高自己的认识、严格要求自己等方面进行论述。看上去这些方面是并列的，但程度上实际有轻重，只有按照“努力提高自己的认识、严格要求自己、虚心听取别人意见、勇于进行自我批评”的先后顺序论述，才能体现出主次。由浅到深，由主到次，由简单到复杂，是这种层进式结构的典型特征。

3. 并列式。这种结构形式包括并列论点和并列论据两种情况。并列论点是用各自独立的几个分论点从不同角度证明总论点，并列论据是用并列的几个论据从不同角度证明总论点。用并列式的结构，分论点表述要紧扣总论点，一般放在本论中每一段的开头，以保证每一段的论述都能扣题。用于证明总论点的分论点至少要有两个，句式要一致，最好形成对偶或者排比，仍以《敬业与乐业》为例，文章论述敬业、乐业时就采用了并列式的结构形式，并分别用“第一要敬业”“第二要乐业”这样的开头语作为提示，论证的思路极其清晰。

4. 对照式。这种结构形式从正反两面分别论证文章论点，其特点是两种看法或论据之间为一正一反的关系，或通过正反对比明辨是非，或通过正反衬托突出其中一个方面。这种结构方式能起到对比鲜明、突出论点的作用。在《敬业与乐业》中，作者论述“有业”之必要时先用一段文字从反面论述无业的害处，再用一段文字从正面论述有业的重要，这样正反结合形成对照，论述的道理就非常透彻了。

三、根据需要组织论证结构

掌握了议论文的基本结构方式，我们就可以安排议论文的论证结构了。

安排议论文的论证结构，首先要服从于证明论点的需要。结构属于文章的形式因素，而形式是为内容服务的，因此在安排文章结构时，必须确定写作题目的类型。从议论文的整体结构层次看，所有题目的议论文都可以采用总分式的结构形式，但具体到实际的论证中，不同的写作题目又各有其适合的论证结构，例如，“青春的价值”适合于并列式，“溺爱与关爱”适合于对照式，“保护我们的生存环境”适合于层进式，等等。

安排议论文的论证结构，还需要灵活使用论证的结构方式。所谓灵活，一是善于综合运用各种结构方式，例如《敬业与乐业》，就综合运用了总分式、并列式和对照式；二是敢于使用与众不同的结构形式，譬如写“青春的价值”，当别人都在一二三四地论述青春价值时，你却从正反两个方面进行对照，这样就能够显示出灵活安排论证结构的能力。

最后强调一点：为了保证写作思路流畅，写作前一定要列一份完整的结构提纲。

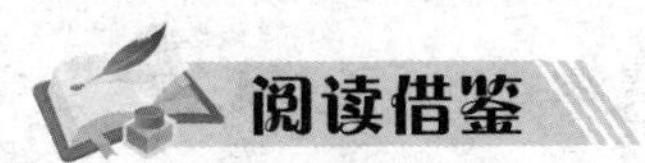

阅读借鉴

佳作魅力

恰到好处

□杨述

善于描写一个人的美，莫如宋玉。他在《登徒子好色赋》里是这样描写“东家之子”的美：“东家之子，增之一分则太长，减之一分则太短。着粉则太白，施朱则太赤。”东家之子的美，真是“恰到好处”。稍微多一点，或稍微少一点，就不美。

我们不管做什么事都需要“恰到好处”。京戏著名演员表演，总讲究不瘟不火。优秀的歌手在热情地歌唱时，情真又能自持。工人炼钢需注意火候，做政治工作要掌握分寸。一句话：“过”与“不及”都不好。

“不及”就是“不够”，许多人都知道这是不好的，或者说这是“不够好”。“过”就是“过火”，“过了火”，却往往容易被认为好。说这是“深”“透”，是“彻底”，难道不好吗？其实过了头，常常把好事做成坏事。事情做得过一分，就会走向反面。失眠不好，睡觉睡得着就好；但睡觉过多就可能变成懒汉。劳动好，但劳动过累，就要妨碍健康。而对健康过于注意的人，又常常会造成精神上的一种负担，老是疑心自己有病，结果反而把身体搞坏了。列宁说过：“只要向前多走一小步——看来仿佛向同一方向前进的一小步——真理便会变成错误。”这话讲得多么深刻。

写到这里，有人会问：“依你说，一个漂亮的姑娘，个儿要高，又不能太高。脸要白，又不能太白；要白里透红，又不能太红。什么事都要不长不短，不快不慢，不多又不少，那岂不是变成折中主义了吗？孔夫子讲过：过犹不及。你的说法很像儒家的中庸之道。”我说：不是折中主义，折中主义是按自己的主观，把长和短、快和慢、多和少加起来被二除的东西。自己以为“恰到好处”，其实是一种主观上的想象。我说的“恰到好处”，也不是中庸之道，中庸之道的“过”与“不及”，是按孔子所说的标准来衡量的。我们常说做事要恰如其“分”，这“分”也就是标准的意思。孔夫子认为的“分”和我们的不同。马克思主义者对“过”与“不及”有自己的标准，那就是客观的实践的标准。这个客观的标准就是实事求是，就是从实际出发，按事物本身的规律办事，要经过实践的检验。寻找这个客观标准，就要下番调查研究功夫，认真走群众路线；而且要善于在实际行动中总结出经验来。只有这样，才能准确地判断什么情况是“过”，什么情况是“不及”，才能使我们的工作做得“恰到好处”。

（选自《青春漫语》）

简评

这是一篇短小精悍的议论文，文章的中心论点是：我们不管做什么事都需要“恰到好处”。围绕这一论点，作者先从宋玉描写“东家之子”的“美”说起，接着从正反两方面进行论述——正面列举事实，分析理由，使人信服；反面证明跟中心论点相对立的观点是错误的，从而达到论证中心论点正确的目的。最后用比较法指出如何做到“恰到好处”。文章论证全面透彻，具有极强的说服力。

学会转身

□董建昌

一个木匠丢了一块手表，几个热心的邻居一起帮他找。他们将地上的刨花、工具箱以及木匠身上的每一个口袋都翻烂了也没有找到，结果却让一个孩子找到了。木匠很惊讶，问孩子是怎么找到的。孩子说，很简单啊！手表是有声音的，我只是在你们都安静下来的时候坐到刨花旁听，然后沿着声音的方向走过去，就找到了。

事实上，在遇到困难时学会转身，换个角度看问题，问题往往就迎刃而解。就像丢失在刨花里的那块表，大人们翻烂了刨花，找遍了工具箱，甚至木匠的口袋，都没能找到，而那个孩子只是换了一个寻找的角度，即凭借手表指针“滴答、滴答”的走动声就轻易地找到了。

换个角度看问题，往往可以化难为易、化繁为简。卡耐基说：“一个人要想让自己的生活愉快、自在，在事业上取得重大的成就，学会变通是很重要的。”一次，爱迪生让助手帮助自己测量一个梨形灯泡壳的容积。助手接过后，立即开始了工作。他一会儿拿游标卡尺测量，一会儿在稿纸上计算，甚至还动用了一些复杂的数学公式，可几个小时过去了，还是没有算出结果。爱迪生看到助手面前摆满了各种工具书和废纸时，明白了一切。他拿起灯泡，朝里面倒满水，递给助手说："你去把灯泡里的水倒进量杯里，就会得出我们所需要的答案。"这时，助手恍然大悟，自己想得太复杂了。看来，学会变通，善于让自己的思维转身是很重要的。

是的，我们很多人就像爱迪生的助手一样，做事不知道变通，结果是花费了很多力气，到头来却一事无成。遇到看似难解的问题，学会换一种思维，从不同角度看，这样"无法解决"的问题就变得简单化了，而这，才是真正的大智慧。

1916年，美国犹他州的小镇准备修建一座银行。镇长买好了地，备好了建筑图纸，可最后在砖头上出现了问题。因为，用火车运砖每磅要2.5美元，远远超出了镇里的预算。就在人们束手无策时，一个人想出了邮寄砖的办法，包裹每磅邮费是1.05美元，每个包裹装7块刚好不超重，比火车便宜了一半多。

这样，小镇的居民很骄傲地拥有了他们的第一家银行。更为有趣的是，这个故事后来还被西点军校作为案例选入了教材，用来诠释一条校训：要保持"头脑简单"，敢于去干所谓"办不到"的事情。

通过邮局邮寄货物，这无疑是最常见的运输方式，然而，就是这样一个常见、简单而又便捷的方式，很多人就是想不到，为什么呢？因为他们不懂得转身。

同一件事，如果依照同样的思维习惯去运作，肯定不会有新的改变。但若能改变一下固有的思维方式，转个身，用不同的方法去开拓，自然会结出不同的硕果。学会转身，学会换一个角度看问题，从而把看似复杂的事情简单化，你就会发现人生其实好简单，成功其实离你也并不遥远。

（选自《演讲与口才》，有改动）

简评

这是一篇构思独特的议论文章，文章的中心论点就是文章题目。文章没有板起面孔说理，而是娓娓地向读者讲述了三个平常而又不平凡的小故事，用具体事例阐释了要说的道理。最明显的是，文章每讲到一个事例，都紧跟着进行具体分析，将事例蕴含的道理分析得透彻而又明白。文章用事实说话，又有具体分析，论证思路清晰，结构紧凑而有层次。

习作风采

（一）

题 目

每逢参加重大活动，同学们总是习惯这样说："我要满怀激情地……"激情，是人们经常用到的一个词。可是，你明白激情的意思吗？你知道人为什么要有激情吗？请以"激情"为话题，自拟题目写一篇议论文。

要求：①不要脱离话题范围；②符合议论文的文体特点和写作要求；③不少于600字。

点 拨

这道作文命题，写作话题是激情，要求写成议论文。

激情是人类共有的一种情感表现。在一定的环境和条件下，激情可以自然爆发，但文章却不会自然产生，因此，写好这篇作文有一定难度。构思时，可在以下三方面多动点心思：

1. 选好一个写作的角度。可供这个话题写作的角度很多，譬如学习、工作、生活、创作等。只有从一个角度写，才能保证内容集中，写得深透。

2. 激情有积极的，也有消极的。积极的激情能激励人们克服艰险，攻克难关；消极的激情却容易演变成冲动，不利于正常活动。因此，写作时一定要从正面出发，以保证观点正确，思想内容健康。

3. 必须按要求写成议论文，能够提出自己的见解，运用恰当的论据对自己的见解进行论证，做到论证结构合理，论证层次清楚。

例文与点评

干事业需要激情

□向剑君

激情是吹动船帆的风，没有风，船就不能行驶；激情是火箭的推进剂，没有推进剂，火箭就难以飞向蓝天。生活告诉我们，灵感可以催生不朽的艺术，激情能够创造不凡的业绩；缺乏激情，

> 先用形象的比喻阐释激情，再从生活角度用正反对比进行发挥，由此推出中心论点。

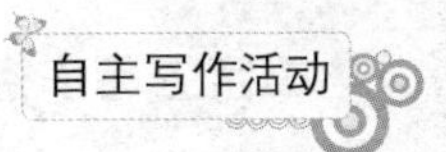

疲沓涣散，很可能一事无成。因此，我们对待工作必须始终保持高昂的激情，有了激情，工作才能轰轰烈烈地进行。

对待工作的激情不是心血来潮、兴之所至，而是一种觉悟、追求和境界。在实际工作中，有许多胸怀大志、奋发向上、开拓进取、顽强拼搏的人，他们始终保持高昂的工作热情和旺盛的革命干劲，因而工作成效明显，事业日新月异。

承上进行解说，由此过渡到具体论证。

高昂的激情来自崇高的理想。没有理想，人就会失魂落魄。一块手表可能有最精致的指针，可能镶嵌了最昂贵的宝石，然而如果缺少了发条，它仍然一无用处。同样，一个人无论怎样学富五车，也不管多么健壮高大，如果对工作毫无激情，甚至连热情都不足，生命就会黯然失色。昆虫学家法布尔正是因为有献身昆虫学的崇高理想，正是因由于对事业有着火热的激情和满腔的热忱，才创造出了骄人的成就。

分论点一：高昂的激情来自崇高的理想——先用喻证法化抽象为具体，再从反、正两方面进行具体论证。

高昂的激情来自强烈的责任感。责任感是对党和人民事业的忠诚和热情。一个具有高度责任感的人，会把工作看成追求和奉献，而把名利看得轻如鸿毛，满怀激情地投入工作；一个丧失责任感的人，会把工作当作一种负担，自然就会失去工作的乐趣。田家英同志曾经写过一首诗：“十年京兆一书生，爱书爱字不爱名。一饭膏粱颇不薄，惭愧万家百姓心。”这就是一种高度责任感的写照。由责任感激发出来的力量是巨大的。有了强烈的责任感，才会有奋发有为的精神状态，才能开拓创新，干好事业。

分论点二：高昂的激情来自强烈的责任感——先用比较法分析责任感的表现，再用引证法从正面强调责任感的作用。

高昂的激情来自自强不息的追求。“天行健，君子以自强不息。”自强不息是激情不断迸发的动

分论点三：高昂的激情来自自强不息的追

力，是推动事业发展的加速器。我们所处的时代是一个强手如林、竞争激烈的时代，是一个日新月异、你追我赶的时代，是一个大潮涌动、不进则退的时代。我们应当保持清醒的头脑，与时俱进，自强不息，克服知足常乐的思想惰性，向着更快更高更强的目标前进，不断研究新情况，解决新问题，开辟新境界。

让我们始终保持奋发向上的精神状态，把高昂的激情投入到工作中去，用勤劳的双手创造幸福的生活和美好的未来。

（选自《全国优秀作文选》）

求——先引用名言进行解释，接着阐明时代大势，最后进行理性的分析。

文章综合运用了总分和并列的结构形式，思路清晰，层次其分明。

（二）

题　目

细节是一个整体中极为细小的组成部分。我们常常为忽视某些细节而付出惨重代价，譬如算错了一个数，写错了一个字或用错了一个标点符号；也常常为一些细节而感动，譬如听到一句暖心的话，看到一个关切的动作或收到一个鼓励的眼神。细节虽小，但能折射出一个人的品行修养，影响到事业的成败。所以古人说："泰山不拒细壤，故能成其高；江海不择细流，故能就其深。"可见细节是多么的重要。

请以"细节"为话题写一篇不少于600字的文章，表达自己对细节的认识。

要求：①自选角度，自拟题目；②除诗歌、戏剧外，文体不限；③结构完整，语言通顺。

点　拨

这是一道话题作文的写作命题。命题中材料具体，话题宽泛，又未限制文体，这就给写作提供了极大的自由和便利。

写这篇作文，材料理解上应该没有问题，写作角度也不难确定，关键在于如何拟一个恰当的文章题目。而文章题目的拟定又受到文体的制约，因此构思时首先需要确定文体。尽管命题没有限定文体，但综合分析整个命题就会发现，写成议论文应该是最好的选择。确定了文体，题目就容易拟定；有了题目，文章就好写了。

例文与点评

细节的魅力

有一种颇为流行的话：看历史要看大势，看形势要看主流，看人物要看大节。这自然没错，但细节也以其生动、直观、真实的特点而显得更有魅力，为人所喜闻乐见，津津乐道，而且也可由小见大，见微知著。

先以流行语开头引出论点：细节更有魅力。然后化为三个平行的分论点进行论述——

细节可定胜负。中日甲午海战前，日本间谍化装到中国军舰上侦察。当时，中国的军舰在吨位、数量、火力上都胜于日本，举国上下一片陶醉，以为中日海战，中方必胜无疑。可是中国军舰的炮塔上居然横七竖八晾着短裤、袜子，日本间谍就把这个细节写在情报中，并分析道：这是一支纪律松弛、管理混乱的军队，不会有强大战斗力。正如此人所料，海战一开，中方惨败，几乎全军覆没，先进的军舰也都成了日军的战利品，胜负在战前的细节中其实已显露无遗。

分论点之一：细节可定胜负，以甲午中日海战的史实为论据进行论证。

细节可知兴衰。抗日战争期间，华侨领袖陈嘉庚率团到国内访问，他先到国统区，国民党用一顿800大洋的盛宴来款待；他后到延安，毛泽东则用几元钱的家常便饭为他接风。一奢一简，使他看清了国民党“前方吃紧，后方紧吃”不可挽回的腐败堕落，看清了共产党同仇敌忾、艰苦抗战的勃勃生机。从此，他认定中国的前途就寄托在中国共产党身上，于是，就坚定不移地站在中国共产党一边，

分论点之二：细节可知兴衰，以国统区和延安对陈嘉庚不同接待的史实为论据进行论证。

成为中国共产党的朋友和中国革命胜利的见证者。

细节可见操守。鲁迅先生在参加被国民党特务暗杀的杨杏佛追悼会前，曾接到装着子弹的恫吓信，大家都劝先生不要与会了，但先生义无反顾，执意要去。先生临行前并无什么“风萧萧兮易水寒”之类的豪言壮语，只是顺手把房门钥匙扔了。先生的视死如归，大义凛然，就体现在这个小小的细节上了。而明末的洪承畴，兵败被俘后，不吃不喝不言不动，好像真的要宁死不屈一样。旧友范文程去看他回来后对多尔衮说：“他肯定不是一个死节之臣，我和他闲聊时，房梁上掉下一点灰絮落在衣服上，他赶忙弹掉了。一件衣服都舍不得，他肯舍掉性命吗？”果不其然，找了个美人去劝，洪大人也就顺坡下驴，当了大清朝的“开国元勋”。弹落掉在衣服上的灰尘，只是很小的细节，但却反映出了深层次的问题，小中也有大。

分论点之三：细节可见操守，分别用鲁迅和洪承畴的史实为论据从正反两方面进行论证。

细节是华美乐章的一个音符，细节是鸿篇巨制的一个单词，细节是万顷波涛中的一朵浪花，细节是万仞高山上的一个石子。“一滴水可映出太阳光辉”，欣赏细节，把玩细节，会发现，小小细节，魅力无穷。

（选自作文网）

以上三个分论点，用并列的结构形式构成排比段呈现，体现了文章结构的形式美。

比喻形象，排比有气势，体现了文章的语言美。

结尾照应开头，点明题旨，体现了思路的清晰和结构的严密。

专项探究

编写论证提纲

自由表达

1. 阅读下面一段议论文字，想一想这段文字论证是否合理，并说明理由。

攻克科学难关的路是不平坦的。伟大的革命导师马克思，为写作《资本论》整整花了四十年的时间，在极其困难的情况下，他用最大的毅力勤奋地工作，献出了毕生的精力。18世纪的物理学家法拉第，经过几十年的刻苦钻研和不知多少次的科学实验，终于发现了磁场和电流的关系，为人类科学做出了重大贡献。中国革命的道路，更是先辈们用血和火在荆棘中一步一步地开辟出来的，井冈山上的哨口雄关，长征途中的万水千山，都是历史的见证。

回答：________________

理由：________________

2. 议论文的一般思路是提出问题、分析问题、解决问题，其中，分析问题是重点。请遵循这一思路分析下面提供的材料，按照提示编写论证提纲。

相传佛祖释迦牟尼曾经用这样的问题考问他的弟子："一滴水怎样才能不干？"弟子们冥思苦想，谁也回答不上来。是呀，一滴水太微不足道了，一阵风能把它吹干，一撮土能把它吸干，怎么会不干呢？最后，释迦牟尼告诉弟子："把它放到江、河、海洋里去。"

（1）依据对材料的理解，提出论点：

____

____

____

（2）对论点进行论证（提示论证角度和结构方式，概括论据）：

____

____

____

（3）通过论证推出相应的结论：

____

____

____

3. 以"莫等闲白了少年头"为题目作文，按议论文的论证思路编写结构提纲。

____

____

____

____

合作学习

完成以上关于列提纲的练习后，以学习小组为单位进行以下活动：

1. 将完成的作业在组内传阅交流，找到每人的优点和失误，并对别人的失误提出修改建议，然后各自进行弥补。

2. 在此基础上共同商讨：如何将提纲列得更实用、更完美。

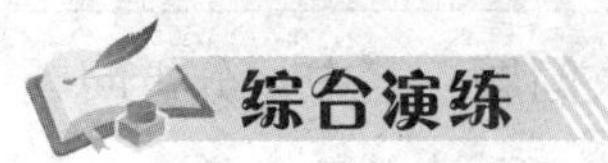

评论具体现象

自主写作

1. 2012 年年初，《咬文嚼字》杂志社邀请读者一起“咬嚼”名人博客。大家惊讶地发现一些市场意识很强、人气很旺的名人，在博客中竟然频频出现语言书写方面的低级错误。这不是个别现象，因为在我们身边，出现错别字的情况就屡屡发生。

请以“这不是小问题”为题目，写一篇议论文。

要求：①依据材料，联系实际，事例具体；②论证方法合理，论证层次清楚，结构完整；③不少于 600 字。

2. 一把坚实的大锁挂在门上。一根铁棒费了九牛二虎之力，还是无法将它撬开。钥匙来了，它钻进锁孔，身子轻轻一转，锁就“啪”的一声打开了。铁棒奇怪地问：“为什么我费了那么大的劲打不开，你却轻而易举地就打开了呢？”钥匙说：“因为我最了解它的心。”

读了这则寓言故事，你悟到了什么？请将自己的感悟写成一篇文章。

要求：①自拟一个恰当的写作题目；②联系实际，事例具体；③论证方法合理，论证层次清楚；④不少于 600 字。

3. 近些年，雾霾常常光顾我们居住的城市和乡村，有时好几天不退，严重地影响了人们的日常生活和身心健康。这种情况已经引起了国家的重视，相关部门也采取了一些防治措施。

对于雾霾这种现象，你是怎样看待的？请写一篇文章谈谈自己的认识。

要求：①自拟题目，自定立意，自选文体（不要写成诗歌）；②观点明确，内容充实，结构合理，层次清楚；③语言通顺，不少于600字。

交流评议

跟同桌进行交流或以小组为单位进行评议，然后依据本次活动的写作目标和要求，填写作文质量评价表。

修改升格

根据同学的评价意见和老师的指导要求，在原稿上对自己的作文进行修改，然后整理出升格后的作文。

4 有理有据　以理服人

·活动目标·

1. 认识事实在论证中的作用，重视用事实说话。
2. 认识分析对于论证的重要性，把握分析的方法和要求。
3. 学会摆事实、讲道理，努力做到有理有据，以理服人。

写作导航

议论文的最大特点是以理服人，为了达到以理服人的目的，写议论文必须做到有理有据。有理，是说论点正确，议论合乎情理；有据，是说论点有事实或理论的依据，支持论点的论据真实。只要做到有理有据，文章自然就有了说服力。

有理有据的议论过程，实际上就是摆事实、讲道理的论证过程。

一、摆事实

摆事实就是列举典型事例，用事实证明观点的正确性。且看“哑人卖刀”的故事：

昆明市北门街口有个哑人在卖菜刀。只见他将晒衣服的铁丝垫在钢板上，像切韭菜一样，“嚓嚓”切断，扬起刀口给顾客看，完好无缺。在惊叹中，

哑人又拿起其余的菜刀，轮番表演。围观者你买一把，我买一把，不一会儿，刀就卖完了。

在这个故事中，哑人要表达的意思是：我的刀是好刀。放在议论文中，这个意思就是观点。可怎么让人相信呢？他的做法是：一把一把拿来试。事实证明刀是好刀，于是他的刀很快就卖完了。假如哑人只夸他的刀好而不做刀切铁丝的实际表演，会有这样的效果吗？恐怕未必。哑人卖刀的诀窍在于用事实说话，这对我们写作议论文是一个很好的启示。

用事实说话，是议论文采用论据证明观点的基本方法。写议论文，要学会这种方法。事实胜过雄辩，只要把事实摆出来，论点就有了可靠的依据，议论就能使人信服。

在议论文中，事实是作为论据证明论点的。事实是什么？事实就是现实中客观存在的或者历史上曾经有过的真人真事。所谓事实确凿，就是保持事实原貌，不能凭空杜撰，也不得随意更改。只有这样，才能够对论点起到应有的论证作用。如果用到的事例是歪曲的或者虚假的，那就无权为证明论点“说话”，即使“说”了也无济于事。所以，选用事例证明论点必须保证事实确凿，只有做到事实确凿，论证才有说服力。

二、讲道理

写议论文，单单摆出事实还不够，还需要对摆出的事实进行分析。因为在议论文中摆事实，列举的事例是作为论据使用的，是为证明论点服务的，像新闻报道那样单纯地用事实说话显然不行，只有通过对事实的分析讲出点道理，论证才会充分有力。

同学们初写议论文，普遍存在的问题是只会摆事实，不会讲道理，也就是不会对用到的事例进行具体分析，表现在形式上，便是“论点＋例子”的简单模式。要克服这一毛病，就要学会分析的方法。其实，大家在日常交谈中就经常用到分析的方法，例如，一位同学看到村里一些年轻人出去打工挣了钱，就想退学去打工，跟他很要好的另一位同学劝阻说：

你这样做是不对的。我们年龄都还小，出去能做什么呢？不如趁着年轻，好好地学点知识；要知道，没有真才实学，将来在社会上是无所作为的。再说啦，老师、同学们都对你这么好，你难道舍得离开吗？如果生活上有困难，我们都会帮助你的。

这位同学的头一句话就是他的观点，后面的话就是用分析的方法讲道理的。这番话先晓之以理，再动之以情，很有说服力。什么是分析？这就是分析。既然口头交谈能进行分析，为什么写文章就不能了呢？只要想通了这个道理，学会分析应该不是很困难的事。

什么是分析？分析就是把一件事物、一种现象、一个概念分成几个部分，找出这些部分的本质属性和彼此之间的关系。议论文中的分析，指的是对论点和论据的分析。对论点的分析，要考虑论点是否符合客观实际和人们的认识规律以及包含着哪些方面的内容；对论据的分析，要考虑论据反映的本质、是否与论点有必然联系以及是否可靠等。总之，要有正确的世界观，要用历史的、辩证的、发展的眼光看问题，防止认识上的主观性、片面性。

怎样进行分析呢？

首先，要根据论证需要选择一定的分析方向。例如，针对一些中学生沉溺于网络游戏不能自拔的现象要求谈谈自己的看法，就可以从迷恋网络游戏的心态、原因、危害以及改变措施等方面进行纵向分析；针对一些青少年吸烟的现象要求谈谈吸烟的害处，就可以从吸烟有害健康、吸烟造成浪费、吸烟破坏环境等方面进行横向分析。

其次，要根据论证需要恰当运用分析的方法。分析的方法很多，譬如因果分析法、矛盾分析法等，就是常用的分析方法。因果分析法是由结果到原因的分析，矛盾分析法是运用对立统一规律对问题进行的辩证分析。辩证分析的显著特点是一分为二地看问题，例如有位同学在课堂上提问了一个可笑的问题，大家都讥笑他的无知。但是，这位同学表现出来的只是无知吗？用一分为二的观点看，无知的另一面还有一种可贵的发问精神，这是值得肯定的。由此可见，对问题进行辩证的分析，就能够得到正确、全面的认识。

此外，分析之后还要进行归纳，将分析的结果有条理地综合在一起。恰到

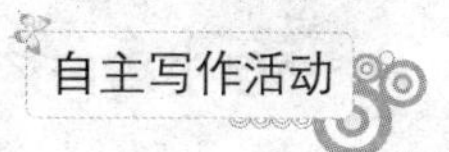

好处的归纳，可以突出论点并形成相应的结论，可以揭示论据的本质并对论点起到有力的论证作用。

以上所讲的摆事实、讲道理，实际上就是举事例、做分析。在议论文写作中，举事例固然重要，做分析更不能忽视，二者是同一问题中相互依存的两个方面，论证时决不可顾此失彼。因此，列举事例后必须跟上相应的分析，只有这样才能做到有理有据，令人信服。

阅读借鉴

佳作魅力

历史不应该忘却

□李文海

前几年，有位先生在一本颇有点名气的刊物上发表文章，批评新中国成立后的中国近代史研究“在很大程度上仍停留在对异族侵略者的口诛笔伐的感情宣泄上，这就大大淡化了我们研究的理性色彩”。另一位先生则认为，新中国成立以来关于西方殖民主义侵略造成了东方普遍落后的谴责，是一种早就应该抛弃的传统观念，这种观念“使历史批判的天平倾斜了”。在他看来，殖民主义对东方历史“起了一种革命的作用”，“成为东方民族赶上现代文明的唯一的现实良机”。对于如此高深的理论，浅薄如我辈者自然难以领会。

历史研究应该客观，所谓客观，就是要尽量探求历史的真实，实事求是地按照历史的本来面目去描述历史。是不是不带任何一点感情色彩，才能对历史进行客观的研究和理性的思考，倒怕也未必。观察任何问题，也包括观察历史现象，总要有一个立足点和出发点，或者叫立场。不同的立场就会有不同的感情，谁也回避不了。譬如说吧，不满于甚至谴责“异族侵略者”的侵略行径，这自然是一种“感情”；但对殖民主义感恩戴德，认为它对被侵略国家的征服，不过是给这些国家带来了文明和进步的普遍福音，又何尝不是一种“感情”，这两种不同的“感情宣泄”，究竟哪一种更加接近历史的真实，这实在不是靠自我的标榜，而要经受历史实际的检验。

话扯得稍为远了点，现在再拉回来谈近代史上的不平等条约。

帝国主义通过不平等条约，对中国的财富进行了大规模的疯狂的掠夺。日本通过《马关条约》勒索的赔款即达二亿三千万两白银，赔款总数加上分期付款的利息，相当于清政府三年财政收入、日本国家四年半的财政收入。俄、英、美、日、德等十一国通过《辛丑条约》，则勒索赔款四亿五千万两白银。张之洞所办的汉阳铁厂，是洋务企业中创办经费最多的一个，建厂时共支出银五百八十余万两，也就是说，列强通过《辛丑条约》勒索的赔款，可以建设大约 80 个汉阳铁厂，较洋务派创办全部洋务企业时投入资金总和要多出好几倍。

这是仅就不平等条约中对中国财富的掠夺一方面来说的。事实上，不平等条约是一条“屈辱的绳索”，从各个方面把半封建半殖民地的旧中国捆绑得死死的，以便听凭殖民主义、帝国主义任意吸吮膏血，作践蹂躏。

不言而喻，任何一个民族都不会心甘情愿地将这些理应拥有的主权拱手送给别人，任何一个侵略者也都不可能仅仅通过“友好交往”就把这些特权轻易攫取到手。事实上，在每一个较为重要的不平等条约订立之前，殖民主义、帝国主义国家都曾动用兵舰大炮，通过血与火的残暴手段，用野蛮的军事侵略（当然必不可少地还要伴随着政治讹诈、经济施压之类的种种名堂）来达到他们的目的。正像第二次鸦片战争时任英国侵华军全权专使的额尔金在谈到《天津条约》时说的那样，这些条约是“用手枪抵在咽喉上逼勒而成的”。因此，在每一个不平等条约的背后，几乎都蕴含着一个对于中国人民来说是血泪斑斑的悲惨故事。

帝国主义列强通过一系列不平等条约，像蚊子吮血似的将坚船利炮的“尖刺”刺入近代中国的孱弱肌体，造成近代中国的“大出血”。这“血”流到了谁的身上，“失血”的中国人很清楚，吮血而肥者自然更明白。正是这损失惨重的“历史大出血”，才使得新中国的起步乃至今天的四化建设显得格外艰难。而某些依靠在一个多世纪中大量掠夺世界各国财富而发家的强国的统治者，却在那里一本正经地指责或嘲笑中国经济落后，这难道是公平的吗?

历史无法割断。历史也就不应该忘却。

（原载 1993 年 12 月 1 日《人民日报》，略有删节）

简 评

这篇文章是历史学家李文海先生为“中国近代不平等条约”书系所作序言的一部分，标题是《人民日报》编者加上的。文章开头先摆出关于史学研究的两种论调，然后从理性和感情两方面进行分析，用中国近代史上不平等的《马关条约》和《辛丑条约》做例子进行论证，以无可辩驳的历史事实说明了两种论调的荒谬性，有力地证明了“历史不应该忘却”的观点。文章观点明确，论据真实，论证有理有据，具有极强的说服力。

珍惜弱点

□姜维群

人皆有弱点，但弱点不同于缺点。缺点是行为道德上的不足之处，然而弱点大都是心理性格上的不如人处，这些与人自身的天生脾气、性格、体质与阅历有关。若说缺点可以改正可以克服，那么作为人的弱点与生俱来，说不定还要伴人一生。

事物本身都有正反两个方面。据说海南岛的柏油马路面很抗热，零上40℃以上也不熔化：哈尔滨的柏油马路面能抗寒，零下30℃不会裂开。反过来说，海南岛的柏油马路面最不抗寒；哈尔滨的柏油马路面最禁不得热。这个事例说明什么呢？说明事物的这方面愈强，它的反方面愈弱。可以这么说，弱点是强点优势的反衬，弱点也需珍惜。

诸葛亮最大的弱点谁都知道，就是他一生太谨小慎微，当年大将魏延曾提出偷袭长安的奇计，但被诸葛亮所否，魏延至死都认为这是诸葛亮的大失误。然而街亭失守，诸葛亮被迫摆空城计，司马懿之所以不敢贸然进城，也是因为诸葛亮一生谨小慎微。

任何一个物种身上都存在弱点，但这并不影响“物竞天择，适者生存”的大规律。老虎和老鼠相比，老虎是强者，但并不等于强者身上无弱点，善用弱点者不仅不弱，反而成为强中强。以老鼠为例，其相貌卑琐，鬼鬼祟祟，无犬之忠，无猫之乖，无猪羊之肉香，无鸟禽之美丽。正因为它的“弱点”，人不仅不驯化它，还要打杀之而后快。兵法上说“置之死地而后生”，相比其他动物，这老鼠在千百年的厄运中反而存活。这般弱点反而是优势。

在世界上无绝对的优点和弱点。弱点于人不是什么赘疣，生出来就是人的累赘。因为弱点在任何一种事物中，犹如物体与影子的关系，根本谁也离不了谁。性格急躁失之鲁莽但决断性强，慢性子的人稳重有余但反应迟缓，在世界上谁也没有一个绝对的优势，谁也不会没有一点儿优势，基于这一点我们任何人不须自卑，更不用自暴自弃。

“金无足赤，人无完人”，正视自己的弱点，进而利用自己的弱点，无论是学业上还是事业上都能进取。比如大画家黄宾红，晚年双目几近失明。然而他凭借感觉绘画，反而有另一种境界，成一大家。

珍惜弱点是人生的不气馁，是完善人格的进取，是在弱音上奏出强音的大手笔。利用自己的弱点是弥补，是反弹，但是一旦被他人利用便不是吉兆了。吕布好色的弱点被人掌握，派出一个美女貂蝉便让他如木偶任人摆布；《封神榜》中的土行孙一离开土地法力皆无。珍惜自己的弱点，别让他人利用弱点，在某种程度上是生存的保护色，是缺憾之中的聪明。

（选自《精美散文》）

简 评

在人们的认知中，弱点就是缺点，是需要避免或者改正的，但作者却认为需要珍惜。这是一个独到的见解，也标志着文章立意的新颖别致。为了证明这一观点。文章对弱点进行了辩证的分析，并列举大量事例予以证明，因为论证有理有据，所以具有说服力。用事实说话，是这篇文章论证的一大特色，而比较法的娴熟运用，更是收到了事半功倍的论证效果。

习作风采

（一）

题 目

灯，有看得见的，也有看不见的。看得见的灯，譬如台灯、路灯、街灯等，都能驱散黑暗，为人们带来光明；看不见的灯，譬如希望、信念、理想等，都会扫除心灵阴霾，指引着人们在人生路上奋然前行。

请根据自己对“灯”的理解，按要求写一篇议论文。

要求：①自拟一个恰当的作文题目；②符合议论文的写作要求；③论点明确，论证有理有据，结构完整；④不少于600字。

点　拨

这是一个自命题的作文题目。命题要求写的灯，显然不是实物的灯，因此要弄清“灯”的象征义。“灯”象征着温暖、温馨、光明，材料中的“希望、信念、理想”就是这方面的提示。明白了这一点，文章就好写了。因为命题规定写议论文，所以不必去考虑别的文体，而要把重点放在立意、选材和写法上。一旦确定了论点，就要用准确的论据去证明。论证时要做到有理有据，能够让人信服。此外，千万别忘了拟一个恰当的写作题目。

例文与点评

生命需要一盏灯

行驶在茫茫的人生海洋中，我们往往会不知所措，这时，生命需要一盏导航的明灯来指引。理想，就是这盏导航的明灯。有了理想之灯的指引，我们就能坦然面对一切，让生命绽放灿烂的光彩。

> 开篇点明生命与“灯”的内在联系，强调了“灯”对于生命的意义。

理想之灯，彰显生命价值。每个人都有自己的理想，而正是有了理想之灯的指引，我们才能在追梦的道路上认清方向、实现自己的生命价值。因为理想，史铁生不再颓唐不振，而在文学道路上找到了属于自己的一片天地，理想使他超越了伤残者对命运的哀怜和自叹，唤起了对生命的关注与热爱。因为理想，哥伦布扬起了横渡大西洋的风帆。尽管他的资助请求曾遭多国拒绝，但是，哥伦布没有放弃，他用坚定的理想、信念支撑着自己，历经四次远航，发现了美洲大陆，开辟了新航线，成为世

> 分论点之一：用具体事例论证理想对于生命的意义。由残疾人到正常人，由中国人到外国人，论据典型，议论充分。

界航海史上的传奇人物。也因为理想，顾城用黑色的眼睛，永远追寻着光明。那么，我们呢？我们更需要理想，因为它指引着生命成长的方向。

理想之灯，引你走出低谷。华裔演讲家陈安之年轻时也曾迷路过，他从 17 岁到 21 岁，做过餐厅服务生，卖过净水器、电话卡等 18 种工作；21 岁时，银行存款金额为零。在如此困窘的情况下，一个偶然的机会，他被安东尼·罗宾的一本书，一堂课，再次点燃了心灯，他从此树立了成为演讲家的理想。陈安之坚信："要跟成功者有同样的结果，就必须采取同样的行动。"他一路追随着安东尼·罗宾，最终成为了世界华人最优秀的成功学演讲家。

分论点之二：用现实中的具体事例论证理想对于人生的意义。虽然只用了一个事例，但同样具有说服力。

倘若没有安东尼·罗宾带着他一路走完这条理想之路，恐怕陈安之也会在黑暗中"泯然众人矣"。

理想之灯，助你超越自我。人生路上难免会遇到坎坷，能否以超越自我的态度面对现实，是你升华人生抑或碌碌一生的决定因素。海明威笔下的《老人与海》中，老人在第八十五天决心驶向远方的大海，那种"知其不可为而为之"的勇气令人钦佩，他的一句"人可以被毁灭，但绝不能被打败"的豪言，让我们体会到了超越自我的悲壮力量。这股力量来自老人"船头上悬挂着一面虽然饱经风雨剥蚀却依旧艳丽无比的旗帜，旗帜上舞动着云龙一般的四个字闪闪发光——超越极限"，来自心中的理想之灯。

分论点之三：用文学作品中的人物形象论证理想对于人生的意义。这是上一段内容的升华，因为角度不同，故使人读起来不觉得累。

生命需要理想之灯。有了理想这盏灯，就有了坚定的前进方向，就有了永不言败的精神力量。理想之灯，将指引我们追逐阳光，实现梦想，让生命更加灿烂辉煌。

文章论点明确，论据充分，论证有理有据。结尾照应开头，总括全文，论证结构完整，层次分明。

（二）

题　目

在生活中，我们常常遇到一些为难的事。譬如，有人请求你做一件事，这件事是你做不到或者不愿去做的，但请你做事的人是你要好的同学，拒绝又觉得不好意思。

假如你遇到这样强人所难的事，你会怎么办？请写一篇议论文谈谈自己的看法。

要求：①自拟一个恰当的写作题目；②明确提出自己的见解，有具体分析；③结构完整，语言通顺；④不少于600字。

点　拨

这道作文命题贴近学生生活，具有很强的现实意义。被人勉强是每个人都有可能遇到的，一旦遇到了怎么办？这就考验着每个人辨别是非的能力和处理复杂事务的机智。

写这篇作文，首先要对命题中提到的问题进行理智的分析，努力避免感情用事。分析时要充分考虑到问题的方方面面，进而将自己的看法概括为文章论点，然后按照议论文的写法形成文字。在行文过程中，要注意论据的选择和分析。

例文与点评

拒绝同样需要勇气

面对困难，需要勇气。攀登珠峰，需要勇气。临阵打仗，需要勇气。拒绝别人同样需要勇气。

> 开头提出论点，类比恰当，排比有力。

作为社会主体的人，人与人之间总会有求于对方。对于别人的请求，即使某些请求相当无理，一些人也不敢直截了当地拒绝对方。

朋友的好意，你不应该拒绝。为人民服务，你不应该拒绝，因为是你力所能及而且应该做的事情。然而，当别人强迫你做违法犯罪的事时，你应该勇敢地拒绝。当别人要求你做你不想做的

> 先用辩证的分析方法，说明什么事不能拒绝什么事应该拒绝。

事时，你也应该勇敢地拒绝。当别人命令你做你做不到的事时，你同样应该勇敢地拒绝。虽然，拒人于千里之外，往往使人觉得你不近人情，但是，当涉及原则问题时，你应当义无反顾地拒绝。这是需要勇气的。

那么，为什么人们不敢拒绝对方的无理要求呢？

再用因果分析法分析不敢拒绝的原因。

我觉得有以下几个原因。首先，害怕得罪朋友。多年的交情，蒙蔽了许多人的双眼，进而为朋友而做出不法行为，这种情况屡见不鲜。其次，害怕留下骂名。别人有求于你，你却不帮助他，往往会被别人骂，在心里骂，在背后骂，甚至当着你的面骂。再其次，害怕别人报复。社会上有些相当恶劣的人，他们会威胁你替他做事，否则就会让你不得好过。诸如此类，都使得人们不敢拒绝对方的无理要求。

承上小结，肯定论点。

由此可见，拒绝同样是需要勇气的。

在分析的基础上正面提出解决问题的办法。

拒绝别人可以有许多方式。你可以直截了当地拒绝，不讲任何道理，这是对于那些极度无理要求的拒绝。你也可以间接地拒绝，跟他说道理，教育他，使他重归正途。但你绝不能表面答应他，事后却不了了之，这是很麻烦的，因为他会再一次来请求你，到时你想推掉就难上加难了。不过，不管你用哪种方式去拒绝别人，都是需要勇气的。

归纳全文，强调论点。

综上所述，拒绝同样需要勇气。友情，唾骂，威胁等种种原因使得我们不敢拒绝，但我们更应懂得拒绝，要有拒绝的勇气。

全文分析透彻，如果有具体的事例就好了。

专项探究

对论点论据进行分析

自由表达

1. 有位同学读了《陈涉世家》后写了一篇读后感，提出的论点是："只要立下鸿鹄志，就能成为栋梁材"。这个论点正确吗？请简要进行分析（100字左右）

2. 同学在一起闲谈，话题扯到了钱的问题。同学甲说："钱真是个好东西。我邻居的孩子成绩不好，可人家还是进了县里的重点高中。"同学乙说："那也不见得。联美公司的吴总倒有钱，可最后还是撂在了法院里。"同学丙说："争论这些有何用？要我说呀，钱不是万能的，但没有钱是万万不行的。"

他们的话对吗？请写一段文字进行分析。（100 字左右）

3. 下面一段文字，是一位同学在一篇作文中用到的一则论据，但缺乏必要的分析。请依据自己的理解，补写一段恰当的议论文字。（100 字左右）

西汉伟大的史学家、文学家司马迁，十岁时就跟从父亲到长安求学，读了大量的书；二十岁开始漫游全国，到处考察遗迹，了解了社会，丰富了阅历。所有这些，都为他后来著作《史记》打下了坚实的基础。

合作学习

“千里莺啼绿映红，水村山郭酒旗风。南朝四百八十寺，多少楼台烟雨中。”这是唐代诗人杜牧的《江南春绝句》。

下面两段文字，写的是古人评论这首诗的两种不同看法。他们谁说得对？请跟同学一起讨论，也可以提出自己独到的见解。

（1）明朝杨慎对此诗提出疑问：“千里莺啼，谁人听得？千里绿映红，谁人见得？”主张把“千里”改为“十里”：“若作十里，则莺啼绿红之景，村郭、楼台、僧寺、酒旗，皆在其中矣。”

（2）清代何焕驳斥道：“即作十里，亦未必尽听得着看得见。题云《江南春》，江南地广千里，千里之中莺啼而绿映焉，水村山郭无处无酒旗，四百八十楼台在烟雨中也。此诗之意既广，不得专指一处，故总而命曰《江南春》，诗家善立题者也。”

综合演练

分析实际问题

自主写作

1. 针对你所知道的一件不该发生的事，以“这件事不该发生”为题目，写一篇议论文谈谈对这件事的认识。

要求：①事例具体，观点明确；②能够有理有据地进行分析；③不少于600字。

2. 进入初中后，随着年龄增长和学识增加，许多同学都竭力装出成熟的架势，动辄“我长大了”“我已经不是小孩子了”，那语气，那神情，俨然是一副大人的样子。

你知道什么叫“成熟”吗？请以“说成熟”为话题写一篇议论文章，谈谈自己的认识。

要求：①论点明确；②有具体事例和分析；③结构完整，语言通顺，不少于600字。

3. 在日常生活中，我们经常要面对许许多多的诱惑：令人眼花缭乱的游戏机是一种诱惑，别人穿的高级服装、用的高档用品是一种诱惑，同学的父母送来的美味是一种诱惑，学校外面灯红酒绿的生活更是一种诱惑……

面对诱惑，会有不同的态度和行为，请以“面对诱惑”为话题写一篇文章。

要求：①可以写自己，也可以写别人；②除诗歌外，文体不限；③不少于600字。

交流评议

跟同桌进行交流或以小组为单位进行评议，然后依据本次活动的写作目标和要求，填写作文质量评价表。

修改升格

根据同学的评价意见和老师的指导要求，在原稿上对自己的作文进行修改，然后整理出升格后的作文。

5 有破有立 破立结合

活动目标

1. 认识驳论文章的特点和写作的重要意义。
2. 掌握写驳论的常用方法和一般思路。
3. 会写简单的驳论文章。

写作导航

人们的立场观点不同，对问题的看法当然不会完全一样。人们对问题的看法，有正确的，也有错误的。错误的看法形成错误的言论散布出去，将会误导人们的视听，产生恶劣的影响。对于这样的错误言论，我们必须坚决反驳，以正视听，消除影响。

当你听到错误的言论时，你会反驳吗？有一种类型的议论文就是专门用来反驳错误言论的，这就是驳论文。一提到写驳论，有的同学就头疼，认为这一类的文章最难写。其实，驳论文章并不难写，在日常生活中，我们就经常用到反驳的方法，例如，有位同学把你的衣服弄脏了，你找他，他不承认，说："我没有弄脏你的衣服。"你反驳说："怎么没有弄脏？看，你泼的墨水还在我的裤腿上呢！"在这里，你同学不承认的话就是反面论点，而你反驳的话就是用事实证明你同学的观点是错误的。这个过程用文字表达出来，就是一篇不错的小驳论文章，由此可见，写驳论性的文章并不是什么很难的事。

多数同学虽然不愁写驳论性的文章，但抓不住对方要害，只是写一些无关痛痒的话，不能以理服人。例如，有的同学在批驳“坚持不坚持体育锻炼无所谓”的错误观点时，只是笼统地讲体育锻炼的重要性，空泛地议论德、智、体的关系，就是不具体剖析这种观点错在哪里，为什么错，也没有具体的事例。这样的文章，是不能让人信服的。为什么会出现这种情况？除了认识上的原因，主要是没有掌握驳论的反驳方法和写作的思路。

一、写驳论的常用方法

驳论是议论文常见的论证文体。写驳论文章，最常用的方法是有破有立，破立结合。“破”就是反驳，即指出对方观点的谬误并将其驳倒；“立”就是树立，即在反驳错误观点的同时树立起正确的观点。“破”与“立”的有机结合，就构成了反驳论证的全过程。

在反驳论证过程中，“破”是手段，“立”是目的，只要反驳成功，正面论点自然就树立起来了。因此，反驳是驳论文章的写作重点，包括反驳论点、反驳论据和反驳论证。

1. 反驳论点。这是一种最常用的反驳方法，就是直接指出对方论点的荒谬，然后用正确的道理和确凿的事实直接驳斥，揭示谎言与事实、谬论与真理之间的矛盾，从而得出正确结论。例如《“友邦惊诧”论》，鲁迅针对国民党当局“友邦人士，莫名惊诧；长此以往，国将不国”的反动论点，用确凿的事实揭露这种论点的虚伪和荒谬，从而证明了“友邦”并非友邦，而是日本侵略者的同伙，是国民党反动政府的后台，是中国人民的死敌。

2. 反驳论据。这是一种釜底抽薪的间接反驳方法。论据是论点的依据，戳穿了论据是虚假的、片面的、靠不住的，靠论据支撑的论点自然就不成立了。例如以美国为首的北约悍然轰炸南联盟，其罪恶行径充分暴露了其侵略者的嘴脸，无论怎样标榜自己，人们都不会相信了。

3. 反驳论证。就是针对对方前后矛盾、不能自圆其说、论点和论据之间没有必然的逻辑关系或者逻辑关系不成立等论证错误进行反驳，从而证明对方论点不能成立。例如一篇学生作文这样写道：“我们班有些同学喜欢奇装异服，跟风赶时髦，男女经常混在一起……这说明精神污染很严重。”这一论述中列举的事实与“精神污染”毫不相干，因为逻辑关系错误，“精神污染很严重”的论断自然就不成立了。

在反驳论点、反驳论据和反驳论证时，为了使反驳更有力，常常根据需要用到一些具体的论证方法，譬如假设法、归谬法等。以反驳论点为例，可以假设对方的论点是对的，然后用无可辩驳的事实予以验证，证明对方论点不成立；或者依据对方论点进行推理，最后得出与对方论点截然相反的结论，从而证明对方论点的荒谬。

二、写驳论的一般思路

写驳论，可以遵循下面的思路：

1. 摆出对方论点，为反驳竖立靶子。对对方的论点，可以直接引用原文，也可以用概括的语言复述。但无论用哪种方式，都要强调其弊端，要表现出鲜明的倾向性。有一篇文章题为“雷锋精神过时了吗”，开头是这样写的：“有人说：‘雷锋精神过时了。’雷锋精神真的过时了吗？我看未必。”这个开头就很好，既摆出了对方的错误观点，又提出了自己的看法，开门见山，旗帜鲜明。

2. 抓住要害进行反驳。所谓要害，就是论点的荒谬、论据的虚假或者论证的不合逻辑。抓住了要害，就等于捏住了蛇的七寸。然后针对要害进行分析，使用恰当的反驳方法进行反驳。无论是反驳论点、反驳论据抑或是反驳论证，都要做到有理有据。只有这样，才能一击致命，让对方的错误无所遁形。

3. 表明自己的观点并加以阐述。自己的观点是在反驳的基础上提出来的，因此要保证观点的对应性和正确性。至于位置，可以在摆出对方论点时亮出来，也可以在反驳结束后亮出来，总之要根据写作需要灵活安排。

以上思路只是初写驳论的一般思路，事实上，驳论的写法灵活多样，同学们可以在写作实践中逐步探索。但无论怎样写，都要做到有破有立，破立结合。

此外，写驳论还要注意把握分寸。因为驳论有针对敌人的，也有针对人民内部的，写作时必须区别对待，决不可将二者相提并论。

阅读借鉴

佳作魅力

失败不是成功之母

□阿元

“失败是成功之母”可能是中国最著名的一句格言，它在我们生活中出现的频率是相当的高。原因之一是几乎所有人都经历过失败，原因之二是在失败之后人们需要用这句话来安慰自己破碎的心灵。

但阿元认为，“失败是成功之母”这句话用来自我安慰当然不错，但用它来指导我们的生活就未必有效。

其实，失败和成功之间，绝对没有无法割裂的联系。关于这一点，历史上有无数的例子可以证明。比如说项羽，从江东起兵，从来没有打过一次败仗，但垓下之败让他永无翻身之地，因为他自杀了。还有李自成，现在的历史学家研究表明，李自成占领北京之后，至少有五次机会可以战胜大清，过足当皇帝的瘾，但最终他被杀掉了。可能有人会说，这些人的失败之所以没有成为成功之母是因为他们失败之后就死了，根本没有机会。那么咱们就举一个失败之后没死的，世界上最著名的军事统帅——拿破仑。在拿破仑的一生中有两次致命的失败，一次在莫斯科，一次在滑铁卢。两次失败的主要原因也差不多，因为拿破仑的扩张让他成为了欧洲的公敌。就像俗话说的，双拳难敌四手，好虎难顶群狼，拿破仑的两次失败都是败在了欧洲其他国家的联合上，一代天骄拿破仑最终是死在了圣赫勒拿岛上。

以上的例子充分地证明，失败并不必然就是成功之母。失败要成为成功之母是需要一些条件的，比如说失败的当事人要能正确认识失败，合理评估自己。

美国一个非常著名的推销员在谈到他为什么会成功的时候，讲过这样一个故事，一次他在推销《幼儿百科全书》时对一家人说，他的这套书能解答孩子们提出的任何问题。然后他又对那家的孩子说：“小朋友，你随便问我一个问题，看我怎么从书上找到你想知道的答案。”这个小朋友的问题是：“上帝坐的是什么牌子的车子？”这个推销员说，当时他是面红耳赤，只能收拾起他的书，灰溜溜地走了。

从这次经历，这个推销员总结出一个经验，话不能说得太满，牛皮不能吹得太爆，从而他走上了成功之路。

这个故事说明了，如果你对于失败能够有个理性的分析，那么失败为成功之母。

而在生活中，如果不能正确认识失败，不能合理评估自己，失败只能带来更大的失败。要想让失败成为成功之母，除了要对错误有合理的分析之外，还要有从头再来的勇气和永不放弃的毅力。

项羽的对手刘邦，和项羽交手，从来没有打胜过。最惨的时候，他的老爸老妈老婆孩子全都被项羽抓起来了，项羽还威胁说，如果你不投降，我就把你老爸煮了，当饭吃。对此，刘邦的反应是，我们是兄弟，我爸就是你爸，如果你要煮你爸，你就送一碗给我吃。虽然刘邦的话有点耍无赖的意思，但正是他永不放弃的勇气才让他在一次次大败之后又站了起来，并最终成为西汉的开国皇帝。

所以说失败不是成功之母，并不是让人否定这句名句，而是想告诉大家，如果对于这句话没有一个正确的分析和运用，很可能会让这句话成为逃避失败的借口，成为一块不敢正视失败的挡箭牌。

（文章来源于《新浪博客》）

简评

文章先摆出需要反驳的论点“失败是成功之母”，并简要指出产生这一论点的根源，接着提出自己的不同看法。在反驳过程中，文章先从失败和成功的关系入手，用项羽、李自成和拿破仑的事例说明“失败并不必然就是成功之母”“失败要成为成功之母是需要一些条件的”；然后再用美国著名推销员成功的故事，说明“失败为成功之母”需要“理性的分析”；用刘邦战胜项羽的故事，说明“让失败成为成功之母”还要有“从头再来的勇气和永不放弃的毅力”。全文分析辩证，反驳有力，做到了以理服人。

幸福是什么

□张晓煜

幸福是什么？千百年来，人们体会不同，莫衷一是。

有人说：幸福在于有钱享受。世界烟草大王的女儿朵丽丝12岁时继承了其父一亿美元的资产，但她一生却郁郁寡欢，历经三次痛苦的婚姻，最后寂寞地死去。钱，没有买到她的幸福。

有人说：幸福来自功成名就。台湾著名作家三毛在其作品风靡东南亚十几年之后，却以一只丝袜结束了生命，撒手西去，给后人留下几许感慨。名，并没有带来她的幸福。

有人说：幸福源于位尊权贵。然而，深宫重院中的龙子龙女们却发出了“愿生生世世勿生帝王家”的深重叹息。权，并没有换得他们的幸福。

在现代社会中，有些人习惯用金钱去购买自己所认为的“幸福”，认为“幸福”就是穿皮尔卡丹、喝XO，“幸福”就是开名车、住别墅，“幸福”就是一掷千金、纸醉金迷。于是乎，社会开始浮躁起来，到处是行色匆匆的生意人，到处是开口“赚钱”闭口“下海”的生意经，不管是懂“水性”还是不懂“水性”都争先恐后地跳入“海”中。于是乎，物欲横流，不顾礼义廉耻而追寻感官享乐的腐败之风没有节制地蔓延开来，渐渐腐蚀我们的精神家园。

我们不禁要问：当欲望成为一种累赘甚至罪恶之时，这还是一种幸福吗？

是啊，钱的确是个好东西。当我们身居陋室，为居住空间的窘迫所烦恼时，当我们喜爱的书籍、服装因囊中羞涩而不能购买时，当我们因交通拥挤而牢骚满腹时，我们迫切需要解决这些现实问题。人生的幸福确实离不开对合理的生活需要的满足，但是决不会仅仅限于物质需求的满足。一箪食，一瓢饮，艰苦若斯，人不能堪，颜回却不改其乐，安然处之。这不可谓不幸福。刘禹锡被降职后，三易其宅，一次比一次条件差，但他却豁达开朗，写出了万世传颂的《陋室铭》。“谈笑有鸿儒，往来无丁”，这何尝不是一种幸福。明代学者宋濂少年求学时，着缊袍敝衣于同窗的锦衣华服之中，却无丝毫艳慕之意，因为“中有乐者”，故“不知口体之奉不若人也”。坦然自若，这也是一种幸福。

幸福是一种感受，是柔风拂面的惬意，是玫瑰盛开的芳香，是掠过湖面从远处传来的小夜曲。体验幸福，要有一颗纯正的心灵，要有懂得欣赏、甘于淡泊的智慧，要有宠辱不惊、纵横天地的气度。幸福离不开愉快的心境，是流放的歌者，唯有知音才能听懂。

幸福其实很简单。一杯淡水、一壶清茶也可以品出幸福的滋味，一朵鲜花、一片绿叶也可以带来幸福的气息，一间陋室、一卷书册也可以领略幸福的风景……幸福不仅在于物质的丰裕，更在于精神的追求与心灵的充实。在这世界上，有的人喝茅台而忧，有的人却饮开水而乐；贫贱人家的夫妻常常能相濡以沫，富贵人家的夫妻却常常互为怨偶……幸福固然离不开必要的物质生活保证，但是局限于物质的幸福始终不是真正意义上的幸福。

真正的幸福，首先是精神的充实、心灵的宁静和胸怀的坦荡，其次才是物质的满足和生活的安逸。

（选自山东电子音像出版社《话题作文写作借鉴与启思》，有删改）

简 评

人生的幸福究竟是什么？这篇文章做出了积极的回答，具有普遍的现实意义。

在写法上，文章开头先从钱、名、权的角度摆出三种反面论点，然后分别用事实进行反驳；在此基础上再进行具体分析，指出“幸福是一种感受”“幸福其实很简单”，并分别进行论证，顺理成章地树立起正面论点。作者采用破立结合的论证方法，“破”得有力，“立”得有理。文章论点明确，论据恰当，分析到位，具有很强的说服力。

习作风采

（一）

题 目

真诚的关怀，温暖芳馨；真诚的赞扬，催人向上；真诚的交流，获取信任；真诚的合作，赢得成功……真诚是春风，它拂去了心灵的微尘；真诚是雨露，滋润着友谊的花朵。真诚给我们希望，给我们力量……

请以“真诚”为话题写一篇文章。

要求：①不要用话题作为文章的题目；②文体自选；③不少于600字。

点　拨

这是一道话题作文题目，话题的显性信息比较清楚：字数、表达、标题、文体等，都有具体的要求。隐性信息是“真诚”的内涵，需要自己去揣摩体味。

写这个话题的作文，可供选择的内容范围很广，大处可谈人生、青春、生活，小处可写经历过的点点滴滴。无论写什么，都必须紧紧扣住“真诚”这一话题，认真筛选材料，写出自己真实的体验、感受或见解。

文体方面，可以写记叙文，也可以写议论文。写驳论性的文章也是不错的选择，因为能体现出作者的创新个性。

例文与点评

真诚是绝对的吗

真诚就是真心诚恳，不说谎，表里如一的意思。人人都喜欢真诚的人，讨厌虚伪的人，我也不例外。但有人认为真诚是绝对的，不管对谁，不管在什么情况下都要做到百分之百的真诚。这个观点，粗一看，有道理；细一琢磨，有问题。

> 开头解释词义，引出对方论点，竖起反驳把子。
>
> 语言有意味。

你想呀，当年日本帝国主义大举侵犯我国的时候，如果所有的中国人都坚守真诚待人的原则，死守着“别人对我不仁，可我不能对他不义”的古训，那么还会有我们今天的幸福生活吗？所以说真诚不是绝对的，起码对敌人就不能真诚，而应该以牙还牙，以血还血。

> 反驳之一：用事实证明真诚不是绝对的。

也许有人会说，对敌人是不能真诚，那么对朋友呢，总应该是绝对的真诚吧！依我看，也不尽然，那得看情况。如果您的朋友得了不治之症，您真诚地对他说明了实情，会怎么样呢？也许会加快他的死亡，这是您愿意看到的结局吗？

> 反驳之二：仍用事实证明真诚不是绝对的。

也许又有人会说，对朋友也不能做到百分之百的真诚，那么对自己的亲人呢，这总应该做到百分之百的真诚吧！依我看，也不尽然。请您想一想，诸葛亮的亲哥哥诸葛瑾代表东吴向刘备讨还荆州的时候，诸葛亮是怎么做的？他先让刘备拒绝，然后自己代兄哭求，刘备才假装答应先还给东吴三郡，并让诸葛瑾带着书信去找关羽，而关羽明白刘备及军师的用意，说什么将在外军令有所不受，硬是不给，弄得诸葛瑾空手而归。诸葛亮对刘备是真诚的，可对他的亲哥哥就不够真诚了。这也无可厚非，各为其主嘛！

反驳之三：还是用事实证明真诚不是绝对的。

以上用三个强有力的事实证明对方论点的片面性。事例应用娴熟，反驳有理有据，令人信服。

由此可见，真诚不是绝对的，而是相对的，在亲人的利益与集体、国家的利益发生冲突的时候，则应该选择对集体和国家真诚。再者说了，你自己就没有一点隐私？你希望其他人百分之百地了解您？在任何人面前都做个透明人？你愿意把您以前所做的各种傻事去到处传播吗？所以说，绝对的真诚是没有的，如果有的话，你也就不存在了。

归纳以上分析，正面提出自己论点并加以阐释。

总之，真诚是相对的，待人真诚要看对象，还要看情况。

结尾强调论点，语言表达严密。

（二）

题　目

人们常说的“开卷有益”，是古人告诫我们读书重要的话。而现代社会知识浩瀚，书籍繁杂，这句话还适用吗？请写一篇文章发表自己的见解。

要求：①自拟一个恰当的题目；②明确提出自己的看法，议论要有理有据；③结构完整，不少于500字。

点　拨

对于“开卷有益”，要进行辩证的分析——如果打开的是好书，开卷当然有益；但如果是坏书呢？开卷非但无益，还会有害。这就产生了读书的选择问题。明白了这一点，这篇作文写起来就容易了。

写这篇作文，可以从正面立论，也可以从反面立论。命题要求自拟题目，拟出的题目必须跟选用的文体保持一致。如果写成驳论文章，就需要考虑反驳的是什么，怎样找到并竖起反驳的靶子，这样写起来才有针对性；还要考虑选用怎样的事例做论据，如何进行分析，这样写起来才有说服力。构思成熟了，写起来自然会得心应手，因此，不要忽视了写作前的审题立意。至于组织文章，按照驳论的写作思路写下去就是了。

例文与点评

开卷都有益吗

□苏生

曾经有一段时间，粗制滥造的书刊充斥街头，低俗小说摆满书摊。有些人抓到什么就读什么，人家劝他要有选择地读书，他却漫不经心地说：“‘开卷有益’嘛，读书何须选择？”

（从现实生活中的现象入手，竖起批驳的靶子。）

开卷真的都有益吗？读书无须选择吗？“开卷有益”这话是宋太宗针对自己读《太平御览》说的。《太平御览》是他为了从历代治乱盛衰中汲取长治久安之策，下令臣子用七年的时间编写出来的，内容可以说是经过选择又选择的。宋太宗读它，当然是“开卷有益”了。

（解释开卷有益的来源，指出开卷有益的前提——书要经过选择。）

书，有好有坏，好书给人知识和智慧，坏书可能把人引入歧途。这犹如交朋友，“近朱者赤，近墨者黑”。因为读坏书受到坏影响而锒铛入狱者，屡见不鲜。据一个城市对244名失足学生的调查，看过淫秽书画的占据百分之六十以上。这能说开卷都是有益吗？读书可以不慎重选择吗？

（用一分为二的观点进行分析，并用事实例子证明，指出读书要有选择。）

即使一个人读的都是好书，仍应当加以选择。

书籍如浩瀚的大海，而人的时间精力有限，在有限的时间里，怎能读尽所有好书呢？大文学家苏东坡说的好："少年为学者，每一书皆作数次读之。书之富如大海，百货皆有，人之精力不能尽取，但得其所欲求尔。"世界上因无选择地读书而徒耗精力的人很多。爱迪生年轻时读书就是拿起书架上的书一本本挨着读，收益甚微。后来接受别人的劝告，分析了自己的特长，目标集中于电子学，终于积学成才。

用苏轼和爱迪生的事例证明读书要有选择的道理。正面观点成立了，反面观点不攻自破，此为破立之法的巧妙运用也。

也许有人会说，鲁迅不是主张青年看"帝国主义"的作品，认为这样可以"知己知彼"吗？诚然，毒草除掉可以当肥料，但鲁迅还说过："青年为了看虎狼，赤手空拳跑到深山里固然是呆子。"我们中学生识别能力还有限，随便抓了一本书来读，如果抓的是一本坏书，这不是同赤手空拳跑到深山里"看虎狼"一样可怕吗？

再用鲁迅的话进行印证，进一步说明读书要有选择的重要性。

总之，我的观点是：开卷未必都有益，读书要慎重选择。

扣题结尾，点明论点。

反驳论点和反驳论据

自由表达

1. 反驳论点（100字左右）

论点：

常言道："近朱者赤，近墨者黑。"一个人如果长期处于污秽的环境中，那么，同流合污是必然的事。

反驳：______

2. 反驳论据（100 字左右）

论据：

有这么一个同学，学习不努力，经常旷课迟到。老师教育他好好读书，否则将来会一事无成，可他却提出要退学的要求，还振振有词地说：“好好读书不如好好赚钱。我们村的刘二只有小学文化，现在却成了很有名气的大款。我看不读书一样有出息。”

反驳：

3. 阅读下面的材料，写一段反驳性的议论文字。（不少于 100 字）

一个木偶跳到海里去测量海水的深浅。他随波逐流地游了几天，回到岸上说：“耳听为虚，眼见为实。别人都说海水是深的，我已经试过，海水浅得很。不信请看我的腿，连膝盖都没有没过嘛。”一些伙伴提醒说：“你只浮在水面，没有到海水里去，其实海水是很深的。”木偶还是很固执地说：“我是经过调查研究的，不信，你去问从小就生长在水里的浮萍老弟，难道他说的还有错吗？另外，海鸥在水里还能露出白白的胸脯哩。谁不信，可以去看看嘛！

合作学习

1. 平时我们经常听到一些不恰当的言论，有的还是极端错误的。请在小组生活会上说一说自己听到的某一错误言论，和同学共同进行分析，明确这些言论究竟错在哪里。

2. 选取一种有代表性的错误言论，写一篇驳论文章，跟同学交流。

综合演练

批驳错误言论

自主写作

从下面题目中任选一题按要求作文。

1. 20世纪80年代，张华为搭救掉进粪坑的老大爷献出了宝贵生命；90年代，徐洪刚因勇斗歹徒而身受重伤……他们都是我们学习的好榜样。但是有人说：“这些人真傻，多管闲事吃了亏，不值得。”

请针对这种错误言论，写一篇反驳文章。

要求：①自拟一个恰当的题目；②观点正确，反驳有力；③不少于500字。

2. 小明是一名初二学生，曾因偷东西受到批评，后在老师教育下，他痛改前非，各方面都有了很大的进步。可是有些同学对他仍有偏见，认为表现再好也是有前科的人，有的甚至说：“江山易改，本性难移，他要是改好了，太阳得从西边出来。”

请针对上述言论，自拟题目写一篇反驳文章。

要求：①观点正确，反驳有力；②事例具体，分析透彻，有说服力；③不少于500字。

3. 伴随着网络的普及，中学生上网已渐成时尚，只要是有电脑的地方，都随处可以见到中学生的身影。因为不少学生沉湎于网络，甚至患了网络综合症，既耽误学习又损害身体，于是有人认为中学生上网有害，提出禁止中学生上网的建议。

对中学生上网的问题你怎么看？写一篇文章谈谈自己的认识。

要求：①自拟题目，自选角度；②观点明确，议论有针对性；③用事实说话，有具体分析；④不少于500字。

交流评议

跟同桌进行交流或以小组为单位进行评议，然后依据本次活动的写作目标和要求，填写作文质量评价表。

修改升格

根据同学的评价意见和老师的指导要求，在原稿上对自己的作文进行修改，然后整理出升格后的作文。

6 用好议论的语言

活动目标

1. 明确议论文对语言的使用要求。
2. 掌握议论文语言运用的方法，努力用好议论的语言。
3. 学会写小评论。

写作导航

写议论文，论点要明确，论据要充分，论证要严密，这是毋庸置疑的。但所有这一些都要用语言来表达，没有好的语言表达，再明确的论点、再充分的论据、再严密的论证也会黯然失色。所以，要用好议论的语言。

怎样用好议论的语言呢？

一、明确议论文对语言的要求

议论文对语言的要求主要是准确、简练、生动。

1. 准确。写议论文需要用明确的概念、准确的判断和严密的推理来讲清道理，而反映这些概念、判断和推理的语言必须准确才能保证论证严密。因此，要仔细推敲用到的每一个词语，审核用到的每一个句子，力求做到表达的准确和严密。例如，一位同学在作文中说："一个人的进步与落后，势必影响祖国的命运和前途。"单从语法看，这句话没有问题。但仔细想想就会发现，这句话表示的判断是不恰当的：说一个人的进步与落后将影响一个人的命运和前途则可，说势必影响祖国的命运和前途就是言过其实了。再如，有位同学在一篇向解放军学习的文章中说："这些抗洪抢险的英雄，都是刚入伍不久的新战士。"这个判断也是不准确的，因为限制不当导致了与事实不符，如果将"都是"改为"有一些"就准确了。此外，长句的成分残缺、复句的强加关系以及语句有歧义、语意模糊等，都会严重影响甚至歪曲意思的表达，使议论失去应有的作用，这是我们必须防范的。

2. 简练。什么是简练？简者，文字简洁也；练者，语言凝练也，即用极其俭省的文字，恰到好处地表达出极其丰富的内容，做到古人所说的"辞约而意丰"。议论文具有很强的概括性，不像记叙文那样有详细的叙述和具体的描写，而是直接表达出事物的本质或事理的关键。因此，写议论文必须做到语言简练，无论是对观点的陈述还是对论据的叙述分析，都要做到言简意赅。像《马说》《读孟尝君传》等文章，都是值得学习的好例子。

3. 生动。议论文虽然是一种比较严肃的文体，但也不排斥语言的形象生动。为了使论述更有说服力和感染力，也需要在抽象道理的论述中使用一些生动形象的语言，譬如毛泽东的文章：在《青年运动的方向》中，用"一小差就开到泥坑里去了"形象地指出张国焘对马克思主义的背叛；在《反对党八股》中，引用歇后语"懒婆娘的裹脚——又臭又长"尖锐地讽刺内容空洞的党八股文章；在《论反对帝国主义的策略》中，用"长征是宣言书，长征是宣传队，长征是播种机"这样的比喻构成排比，有力地强调了中国工农红军长征的伟大意义……正是这些生动的语言使文章充满活力，让人读了经久难忘。

以上三项要求中，准确和简练是最主要的。准确，并不影响简练；简练，也不妨碍准确。二者相辅相成，并行不悖。

二、用好议论文语言的方法

用好议论文语言的方法很多，重点提出以下四点：

1. 精心锤炼语言，使语言更加准确和简练。锤炼议论的语言就是在保证准确表达的前提下，尽量删去可有可无的话，尤其是那些无关痛痒的空话和套话。在议论文中，议论的语言要简练，用作论据的叙述语言也要简练，因为论据是为说明论点服务的，如果不用简练的语言叙述，材料就会淹没观点，那样就本末倒置了。

2. 巧用比喻和排比，使语言富于魅力和气势。在议论文中巧用比喻，可以化深奥为浅显，化抽象为具体，不但能轻松地说明道理，还能显示出语言的魅力；用排比进行议论说理，既可以增大信息量，又可以增强文章气势。像前面举例时提到的“一小差就开到泥坑里去了”“长征是宣言书，长征是宣传队，长征是播种机”等，都是很好的范例。

3. 引用诗文名句和名言警句，使语言饱含哲理。引用是修辞的手法，也是论证的方法。在议论中巧妙地引用诗文名句、名言警句以及格言、俗语等，既可以起到有理有据的论证作用，又可以收到言简意赅的表达效果，从而使语言充满哲理，进一步升华文章的境界。

4. 打造精彩片段，使文章出现亮点。一篇文章，如果能做到通篇精彩当然最好；即使做不到，打造一个精彩的片段也是好的，譬如一个精妙的开头、一个精当的结尾或文中一个精美的语段等，都可以成为文章的亮点。“万绿丛中一点红，动人春色不须多。”只要有了这样的亮点，相信会打动读者的。

准确简练的议论语言是在长期的写作实践中形成的，用好议论的语言也不是一朝一夕就能速成的。为了提高这方面的能力，我们必须尽最大努力积累语言，并将积累的语言应用在写作实践中。为此，多读一些典范的议论性文章，尤其是那些短小精悍的小评论文章，并借鉴其写法进行写作尝试，实在是非常必要的。

小评论是评论的一种形式，特点是内容集中，篇幅短小，针对性强。小评论的评论对象可以是国家大事、社会问题，也可以是日常工作、学习、生活中的小事，乃至一个人的行为表现和流露出来的思想意识。

写小评论，除了做到篇幅短小外，重点是在“评论”上做文章。“评”的是现象，要表明自己的观点和态度；“论”的是道理，要有依据和分析。跟平时写议论文一样，写小评论也要做到论点鲜明，论据充分，论证合理，语言准确简练。

由于受内容和篇幅限制，写小评论一般采用一事一议的形式。这是一种便捷有效的形式，我们可以用来评论身边的人或事，评论社会上的现象或问题。

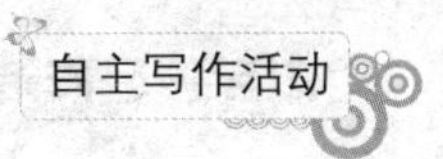

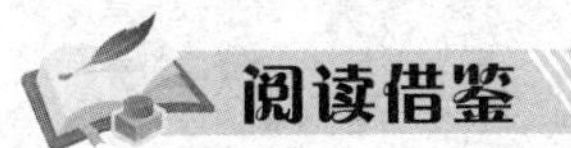

佳作魅力

最先与最后

□鲁迅

《韩非子》说赛马的妙法，在于“不为最先，不耻最后”。这虽是从我们这样外行的人看起来，也觉得很有理。因为假若一开首便拼命奔驰，则马力易竭。但那第一句是只适用于赛马的，不幸中国人却奉为人的处世金箴了。

中国人不但“不为戎首”，“不为祸始”，甚至于“不为福先”。所以凡事都不容易有改革；前驱和闯将，大抵是谁也怕得做。然而人性岂真能如道家所说的那样恬淡；欲得的却多。既然不敢径取，就只好用阴谋和手段。以此，人们也就日见其卑怯了，既是“不为最先”，自然也不敢“不耻最后”，所以虽是一大堆群众，略见危机，便“纷纷作鸟兽散”了。如果偶有几个不肯退转，因而受害的，公论家便异口同声，称之曰傻子。对于“锲而不舍”的人们也一样。

我有时也偶尔去看看学校的运动会。这种竞争，本来不像两敌国的开战，挟有仇隙的，然而也会因了竞争而骂，或者竟打起来。但这些事又作别论。竞走的时候，大抵是最快的三四个人一到决胜点，其余的便松懈了，有几个还至于失了跑完预定的圈数的勇气，中途挤入看客的群集中；或者佯为跌倒，使红十字队用担架将他抬走。假若偶有虽然落后，却尽跑、尽跑的人，大家就嗤笑他。大概是因为他太不聪明，“不耻最后”的缘故罢。

所以中国一向就少有失败的英雄，少有韧性的反抗，少有敢单身鏖战的武人，少有敢抚哭叛徒的吊客；见胜兆则纷纷聚集，见败兆则纷纷逃亡。战具比我们精利的欧美人，战具未必比我们精利的匈奴蒙古满洲人，都如入无人之境。“土崩瓦解”这四个字，真是形容得有自知之明。

多有“不耻最后”的人的民族，无论什么事，怕总不会一下子就“土崩瓦解”的，我每看运动会时，常常这样想：优胜者固然可敬，但那虽然落后而仍非跑至终点不止的竞技者，和见了这样竞技者而肃然不笑的看客，乃正是中国将来的脊梁。

（选自鲁迅《华盖集》）

简评

这是鲁迅先生的一篇杂文，也是一篇针砭社会痼疾的小评论。文章批判了中国人“不为戎首，不为祸始”甚至“不为福先”的国民性弱点，指出这种弱点造成了国民“不为最先”也不敢“不耻最后”的懦弱性格，致使中华民族千百年来受尽外族的欺侮和凌辱。

文章论证严密，先引用《韩非子》中的话展开评论，然后用学校运动会的实例进行论证，从竞技者和看客两方面对“落后者”的反应凸现国人不敢面对失败的现实，最后提出正面观点：“那虽然落后而仍非跑至终点不止的竞技者，和见了这样竞技者而肃然不笑的看客，乃正是中国将来的脊梁。”

文章语言犀利，像“纷纷作鸟兽散”的比喻、“一向就少有失败的英雄，少有韧性的反抗，少有敢单身鏖战的武人，少有敢抚哭叛徒的吊客”的排比、“见胜兆则纷纷聚集，见败兆则纷纷逃亡”的对照等，讽刺极其有力，充分体现出鲁迅杂文“投枪、匕首”的特点。

旗手

□航宇

也许对于他这样一个人，你已经非常熟悉了。

在浩瀚的时代星河中，这个人是可以称得上旗手的，无论他的过去他的现在，总是把自己修炼得相当精彩和完美，把巨大的物质财富和精神财富呈现给这块土地和人民，而属于他的仅仅是一把镰刀，一顶草帽，一个斗笠，再一无所有地告别了他所热恋的土地，悄然地离去。

杨善洲就是这样让我们敬重的一个人。

他是我们心中永久矗立起的一座丰碑；一面在我们这个时代永远高高飘扬着的旗帜，一位用锨头在施甸大地抒写人间大爱的诗人，一位在林业战线上不求名分仍追求无限完美的劳动模范，一个将自己无私地交给这块土地和人民的人。

老杨的价值不能简单地用他将22年所营造的翠绿色山无私地奉献给国家

和人民这样的形式上来体现，他一生和人民群众血肉相连所展现的精神，一个共产党员淡泊名利的情怀——这部意味深长的人生大书，需要我们这一代人以至几代人详尽地去解读。

在这个英雄辈出的时代中，他是属于那种可以毫不保留地奉献一切、极具震撼力的勇士，也是一位时刻保持共产党员优良传统和优秀品格的思想者。几十年如一日，他始终是一位不畏艰险的探路者和时代先锋，即便在大亮山林场的22年里仍是如此，他是林业战线上树起旗帜的一个人……在他晚年的大亮山林场，他放弃人生享受，独守茅屋，用心血装扮河山。一片片绿树成荫的壮美林地是他晚年描绘的最佳油画，更是他人生中的华丽篇章。挺立在大亮山中那一棵棵参天大树，如同献给他的一枚枚闪闪放光的勋章。

杨善洲是大山的儿子，他几乎是赤手空拳地来到这块火热的土地，共产党员的崇高理想和信念，在他单薄的身板上突显得淋漓尽致。他的爱，对于群众的爱，对家人的爱，对于自己近乎苛刻的严格要求，显示了一个党员精神的崇高和自觉。历时22载在大亮山林场，他像牛一样辛勤地劳动着。他用结满老茧的双手，在施甸深山抒写着生命壮美的诗行。

杨善洲离我们远去，其崇高的生命价值影响着我们；他的共产党人的形象和品质，是我们这个时代的精神高标，也为党的旗帜增光添彩。

（选自2011年7月4日《人民日报》）

简 评

这是一篇大气磅礴的评论文章，文章对优秀共产党员杨善洲同志给予了极高的评价——旗手，丰碑，模范，勇士，思想者，探路者，精神高标……一切赞誉都不为过，因为同雷锋、焦裕禄、孔繁森一样，他是值得我们敬重的人。

文章将杨善洲的事迹和对他的评价水乳交融地结合在一起，具有强烈的震撼力和说服力。语言表达极其准确，如实地展现出杨善洲的感人事迹和高尚精神；又极其生动，以贴切的比喻和富有气势的排比突出了他的形象和时代价值。

习作风采

（一）

题 目

科学技术的迅猛发展给现代人的生活提供了极大的便利，但人们在享受和追求这种便利的同时，却不知不觉地丢弃了一些原本应该拥有甚至必须终生坚守的东西，譬如必须具有的爱心、孝心、同情心、责任心，必须具备的自尊、自信、自立、自强，等等。

反思一下，我们是否也丢弃过什么？请以“不该丢弃的________”为题目作文。

要求：①先在题目横线上填写恰当的词语，将题目补充完整；②除诗歌外文体不限，可以叙写个人经历，也可以发表自己的看法；③结构完整，语言通顺，不少于600字。

点 拨

这是一道半命题的写作命题。命题贴近社会，贴近生活，写起来应该有话可说。因为提示比较具体，要求比较宽泛，所以审题难度不是很大。写好这篇作文，首先需要考虑写什么——从题目中的关键词语“不该丢弃”看，题目横线上填写的词语必须是褒义的，如材料中的爱心、孝心、自尊、自信等，也可以自选另外的词语，但不得与“不该丢弃”相矛盾。这样，题目完备了，写作的中心也有了。然后考虑怎么写——如果写个人经历，就写成记叙文；如果发表看法，就写成议论文。不管用哪种文体，都要按照该文体的写作要求写，同时要注意语言表达，起码做到语言通顺。这样，写出来的文章就符合命题要求了。

例文与点评

不该丢弃的道德观

康德说：“这个世界上，有两样东西值得我们仰望终生：一是我们头顶上璀璨的星空，二是人们心中高尚的道德律。”星空因其寥廓而深邃，让我们仰望和敬畏；道德因其庄严而圣洁，值得我们一

> 用名人名言开头，紧扣题目引出议论话题。
>
> 用对偶，语句整齐，表达有力。

生坚守。

某杂志刊登了一份关于青少年价值观的报告，其中的一些数据显示，有相当一部分青少年对过马路闯红灯、公共场所大声喧哗等不文明行为和竞争可以不择手段、诚实意味着吃亏等不道德的观念表示“难以评价”。为什么会这样呢？就是因为他们心中没有正确的道德观念。没有道德底线的约束，就难免在各种各样的诱惑中迷失自我，甚至走向罪恶的深渊。像网上那对以恶俗博出位的“90后贱女孩”孪生姐妹，不就是这样堕落的吗？

以上引用杂志的报告数据从反面进行论证，强调坚守道德观的意义。

一个人的真正价值并非取决于其容貌、衣着、金钱、地位等外在的东西，而是取决于他的头脑、观念、精神、品格、爱心、气度等综合素质和内在修养，取决于他是否坚守住了心中的道德观。

承上转入正面论述，进一步强调坚守道德观的意义。

一九七九年度诺贝尔和平奖获得者德兰修女说：“人们不讲道理，思想荒谬，以自我为中心；不管怎么样，总是爱他们。如果你做善事，人们说你自私自利，别有用心；不管怎么样，总要做善事。你耗费数年建造的可能毁于一旦；不管怎样，总是要建设。你所做的善事，明天就会被遗忘；不管怎样，总是要做善事，将你所拥有的最美好的东西奉献给世界，哪怕你会被踢掉牙齿。”德兰修女用自己的一生将爱心洒向世界，用善良普度众生，用微笑抚平人们身心的伤痛。她的善行，她的义举，使她被誉为“穷人的圣母”“善良的天使”。这都是因为她始终坚守着自己心中的道德观！

以德兰修女的话及其事迹为论据，颇有说服力。

无论是黄昏还是晨曦初露，茉莉花，总是洁白的……

正如希腊诗人乔治·赛福斯的这首小诗所说，

文章论点明确、论据充分，很好地做到了观点材料统一；论证中名言、诗句信手拈来，足见作者读书之广、记忆之强、运用之灵活；结尾总括全文，照应开头，显示出结构的严谨。

我们青少年要想有所成就，就一定要坚守住自己的洁白，坚守住自己的芳香，留守住自己心中的道德观！

（二）

题 目

公园里，一名外国游客买了一支冰淇淋。当他接过服务员找回的零钱时，一枚五角硬币掉到了地上。他两手一摊，表示出不屑的样子，转身就走了。这时，一个戴红领巾的小姑娘看到了，拾起来，追上去，郑重地说："先生，请你把钱收好，这上面有我们的国徽。"

请根据这件事写一篇小评论。

要求：①自选角度，自拟题目；②评论有理有据，内容集中；③语言准确、简练。

点 拨

材料中提到的行为，在生活中经常见到，但这种行为发生在外国游客身上，就有了不同寻常的意义。要写好这篇小评论，首先要分析材料，能够通过现象看到本质。只有这样，才能找到最好的评论点和恰当的评论角度。找到了评论点，文章题目也就好确定了。

写作时，最好采用一事一议的写法。这样写，针对性强，容易做到内容集中，因为写的是小评论，所以必须有自己的观点，并有理有据地进行论证；同时要做到语言准确简练，能够在有限的篇幅内讲明白道理。

例文与点评

祖国尊严不可侵犯

□孙成玲

在公园里，一名外国游客买了一支冰淇淋。当他接过服务员找回的零钱时，一枚五角硬币掉到了地上。他两手一摊，表示出不屑的样子，转身就走

> "尊严"显示评论角度，题目大气有深度。

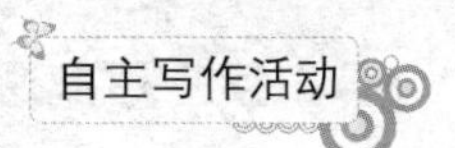

了。这时，一个戴红领巾的小姑娘看到了，拾起来，追上去，郑重地对这名外国游客说："先生，请您把钱收好，这上面有我们的国徽。"

这看起来似乎是一件小事，但是意义却非常重大。这说明小姑娘心里装着祖国的尊严，胸中有一颗炽热的爱国之心。现在很多青年人缺乏的正是小姑娘这种爱国精神。他们觉得，什么国家的强盛、祖国的尊严，与自己都没有关系。

真的没有关系吗？我们说，不但有，而且非常密切。有这样一个故事，新中国成立前，伟大的革命先驱者孙中山先生在菲律宾，有一次晚上回家忘了带通行证，路上警察不让通行，他灵机一动，找了个日本妓女做伴，警察就放行了。因为当时日本国力强大，连妓女都高人一等；中国弱小，即使伟大的政治家也矮人一头。今天，海外华人再也不受屈辱了，原因是什么？就是祖国强大了，有了尊严，有了国格。

所以，我们应该像爱护眼睛一样维护祖国尊严，决不容许任何人侵犯它。当然，我们不能仅仅停留在拣硬币这样的小事上表现对祖国的热爱，更重要的是要有一颗火热的爱国心。

开头引述材料，为评论提供依据。

提出见解，是由事入理进行评论的过渡。

承上设问，转入议论。综合运用例证法和对比法讲述道理，阐明原因。

认识深刻，对比有力。

顺理成章得出结论。

结尾由小到大，是不可或缺的重要一笔。

于细微处见精神

□贺伟华

公园里，一个外国游客买了一支冰淇淋，当他接过服务员找回的五角硬币时，硬币不慎掉到地上，他表示出不屑的样子，转身走了。一个中国小姑娘拾起来对他说："先生，这上面有我们的国徽。"

题目警醒，既显示角度，又揭示中心。

也是引述材料，为评论提供依据。

这件事并没有什么引人注意的地方，那个外国游客也许是为了表示大方，并没有什么恶意，然而却引起了小姑娘的重视。她没有小看这件事，因为硬币上面有我们的国徽。

> 由客观地评价转入评论的中心。

随着改革开放的不断深入，中西文化不断融合，我国人民的思想观念在发生着变化，当然，也免不了跳出一些不和谐的音符。有些人在改革开放大潮中迷失了方向，丧失了尊严和自信，一味追求西方文明，认为西方的一切都是美的，这是没有自尊、没有自信的表现。那个小姑娘却不然，面对外国人的错误敢于说“不”，这不正是自尊自信的表现吗？

> 先概括地对现状进行分析。用一些人丧失尊严和自信的行径反衬小姑娘自尊自信的精神。

由此，我想到了爱国将领吉鸿昌。吉鸿昌在外国考察时，面对外国人对中国人民的轻视，他在自己胸前挂了一个牌子：我是中国人。这种民族自尊自信的精神，在这位不知名的小姑娘身上体现出来了。虽然没有纷飞的战火，但在和平建设时期，这种自尊自信的精神尤其可贵。

> 再具体地用吉鸿昌的事迹予以证明，进一步指出这种自尊自信的民族精神尤为可贵。

自尊才会被人尊重，自信、自强才会有发展。我们从小姑娘的言行中看到了希望。

> 结尾照应开头，进一步强调中心。

专项探究

构造排比句和排比段

自由表达

1. 人生的感悟很多，人生的比喻也很多。请参考例句，自选喻体，自选角度，另外构造一个排比句，表达自己对人生的感悟。

例句：人生如水，应该像溪水那样清澈透明，应该像江水那样勇往直前，应该像海水那样开阔包容。

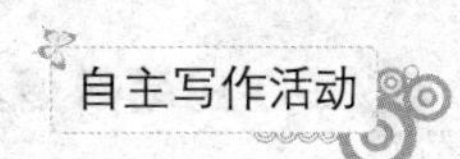

仿写：______

2. 揣摩下面例句表达的意思，仿照其句式特点，分别以白云、高山、大海为主体构造一个句子，使之与例句构成一组语意相近、结构相相同的排比句。

例句：欣赏蓝天，自然会在蓝天的宽广中找到宽容和平静。

仿写：______

3. 青春是什么？请思考青春的含义，将自己对青春的理解化为并列的三个分论点，分别用“青春是……”的比喻句表示并简要论述，使之成为语意连贯的排比段。

青春是______

______

青春是______

______

青春是______

______

合作学习

写议论文需要鲜明地表达出自己的观点态度，肯定什么，否定什么，都必须做出明确的判断，并用准确的语言表示出来，决不允许模棱两可，含含糊糊。这样，就需要用到判断句。

什么是判断句？怎样表示判断？构造判断句要注意些什么？请各自搜集资料进行学习，同学间互相交流探讨，以保证判断的正确性和语言表达的准确性。

综合演练

写小评论

自主写作

1. 据报载，从2014年起，北京市高考、中考改革将进行重大调整。至2016年，高考语文由现在的150分提高到200分，中考语文从120分增加到150分；同时，高考英语由现在的150分降到100分，中考英语从120分降到100分，其中听力要增加到40分。

请根据以上信息，自拟题目写一篇小评论。

要求：①认识正确，观点明确；②分析到位，论证合理；③语言表达准确，600字左右。

2. 优越的生活环境使很多青少年失去了自理自立的能力，他们经不起生活中的风吹雨打，更受不了半点的挫折和委屈。对此，有人建议对青少年进行吃苦教育和挫折教育。你认为如何？请写一篇小评论，谈谈自己的看法。

要求：①自拟一个恰当的文章题目；②观点明确，论据充分，论证合理；③结构完整，语言通顺；④不少于600字。

3. 阅读下面短文，以“她究竟遗落了什么”为题目写一篇不少于600字的文章，针对短文反映出的问题进行评论。

车快要进站时，她终于站了起来，对那位一直站在旁边抱小孩的妇女说：“你坐这！”

“啊，谢谢。快谢谢阿姨！”

花瓣似的小嘴，一张一合，发出稚嫩的童音：“谢—谢—阿—姨！”

她拉了拉那只胖乎乎的小手，低头下车了。

“喂，同志，同志！”身后传来叫喊声。叫我？她慢慢掉过头去，只见一把伞伸出窗外。啊，自己的伞！刚才抱孩子的那只手正向这边用力地挥着。

她心头猛地一热，快步跑上前去。

车，走远了。她却呆呆地站在那里，像是在回想是否还有别的东西遗落在车上……

交流评议

跟同桌进行交流或以小组为单位进行评议，然后依据本次活动的写作目标和要求，填写作文质量评价表。

修改升格

根据同学的评价意见和老师的指导要求，在原稿上对自己的作文进行修改，然后整理出升格后的作文。

7 综合运用表达方式

活动目标

1. 了解表达方式综合运用的情况，认识其作用。
2. 能够在写作中根据需要综合运用各种表达方式。
3. 学会写随笔。

写作导航

常用的表达方式有记叙、描写、说明、议论和抒情，它们各自适用于不同体裁的文章。但是，任何一种体裁的文章都不会单独使用一种表达方式，而是以一种表达方式为主，根据需要综合运用其他的表达方式。

表达方式的综合运用，主要有以下几种情况：

一、记叙中穿插必要的描写、抒情、说明或议论

记叙中穿插的描写，主要是人物描写和景物描写。在记叙中穿插描写，可以丰富内容，丰满形象，深化主题。例如鲁迅《故乡》中对少年闰土和中年闰土的描写，对记忆中的故乡和眼前故乡的描写，通过鲜明对比反映了旧中国的农村现状和农民痛苦，表现了深刻的主题。

记叙中穿插抒情有两种情况：一种是直接抒情，即在叙事或描写中直接倾吐自己的思想感情；另一种是间接抒情，即将抒发的感情寄寓在描写之中。《故

乡》在文章结尾时写道："我在朦胧中，眼前展开一片海边碧绿的沙地来，上面深蓝的天空中挂着一轮金黄的圆月。"用的就是间接抒情的方法。清代刘熙载在《艺概》中说："山之精神写不出，以烟霞写之；春之精神写不出，以草树写之。"这句话可算是对间接抒情的形象解释。

记叙中的说明是记叙的一种补充形式，常用来解说事物的性质、状态、功能等，或者说明其出处、交代其来历。记叙中的说明是为记叙服务的，穿插说明时要注意"必要"二字，不要强加说明；要注意分清主次，不能喧宾夺主。

记叙中的议论不是经常用到，但恰到好处的议论却能起到画龙点睛的作用。《故乡》结尾时写道："希望是本无所谓有，无所谓无的。这正如地上的路；其实地上本没有路，走的人多了，也便成了路。"这就是很精辟的议论。在记叙中穿插议论要服从于表达中心的需要，议论不宜太多，也不宜太长，哪怕只有一句话，也要说到点子上。

二、说明中穿插必要的叙述和描写

说明文以说明的表达方式为主，但为了说明的需要，常常穿插一些必要的叙述为说明服务。例如《死海不死》，为了说明死海的特征，作者插入了两千多年前罗马统帅处决俘虏的传说；为了说明死海的成因，又插入了先知鲁特的神话故事。插入的这些叙述成分，增添了文章的生动性和趣味性。

说明中穿插必要的描写，可以使说明内容具体形象。例如《看云识天气》说明云的形态时，用一系列的比喻和排比形象地描绘了云的多种姿态，留给读者深刻的印象。

三、议论中穿插必要的记叙和说明

议论文以议论为主，出于论证的需要，有时也需要用到记叙和说明。

议论文中的记叙，主要是论据的叙述。论据是证明论点的，只有把用作论据的事例叙述清楚才能起到有力的论证作用。需要注意的是，议论中的记叙只是出于陈述论据的需要，所以不需要过长过细，更不需要描写和修饰，只要把事实说清楚就行了。

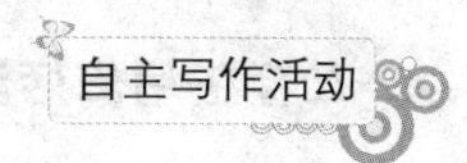

议论中的说明是指对议论的对象、范围或议论中涉及的概念、背景、问题、写作缘由等进行介绍或解释。其作用，是为了证明所用资料的真实性和可靠性，使议论更有说服力，也让人读了后更容易明白阐述的道理。议论中穿插说明要简洁，能起到解释作用就行。

世界上每一种事物都有与其相对应的色彩，单靠一种颜色构不成缤纷的世界。同样的，每一篇文章也都有与其相应的表达方式，只凭一种方式难以写出精彩的文章。因此，写文章要善于综合运用多种表达方式。需要注意的是，综合运用不等于拼凑，而是有所选择的。

经过两年的写作活动，我们已经完成了初中学段记叙文、说明文、议论文的写作练习，初步学会了记叙、描写、说明、议论和抒情的表达方式。为了更熟练地运用这些文体形式和表达方式，我们要借助一切形式的写作练习不断地提高自己，譬如经常写点儿随笔。

随笔，顾名思义就是随手笔录的意思。南宋的洪迈在其所著的《容斋随笔》序中说："意之所之，随即纪录，因其后先，无复诠次，故目之曰随笔。"随笔是一种灵活随意的文体形式，叙事、抒情、说明、议论都可以，因此被看作散文的一个分支，议论文的一个变体。

随笔的内容非常广泛。可以写自己的生活片段或偶然经历，于叙写中见情见性，表达对世事的体察和对人生的感悟；也可以对社会问题、人生哲理、家庭琐事、个人情感等大事小事进行议论，彰显正气，倡导新风；还可以借助说明揭示事物蕴含的意趣，通过描摹景物抒发胸怀，寄托情思，等等。总之，随笔内容无所不包，哪怕一丁点儿的发现、一瞬间的感悟甚至转瞬即息的一个意念，都可以写进随笔中去。

随笔的写法非常灵活。没有严格的结构要求，没有固定的文体限制，也没有死板的字数规定。形式上不拘一格，可以写成完整的文章，也可以写成零星的片段；篇幅上长短随意，可以短至数十字，也可以长达千余言；表达上更是随心所欲，或记叙，或描写，或议论，或抒情，都是可以的。总之，一切都要服从于表达的需要，不必鼓柱胶瑟，刻意为文。

经常地写点儿随笔，可以有效地提高自己的认识水平和写作能力。

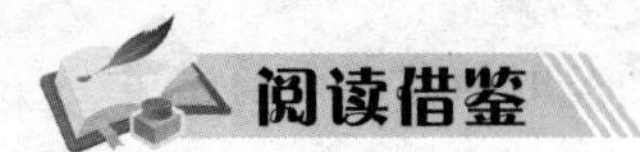

阅读借鉴

佳作魅力

云中谁寄锦书来

□朱铁志

电脑的普及，使文字书写急剧退场。用惯了纸笔的中老年人，还在挣扎着试图挽住书写的臂膀。而年轻一代，已然习惯了无纸化的生存。提笔忘字，渐成常态；书法之美，只在少数书法家手中流连。在手机和电子信箱越来越便捷的当下社会，能够收到一封手写的信件已是一种幸运，能够收到一封文辞淳美朴实、书法俊逸洒脱的书信，简直就是一种奢望。传统尺牍信札中所包含的博大精深的中华文明，似乎正渐行渐远，即使不算老派的中年人，也不免感到一丝惆怅。

我算幸运的，因工作和个人写作的关系，常常收到来自全国各地熟悉或不熟悉的朋友的来信，其中不乏理论大家和文学名家的信札。有的文白间杂，言近旨远；有的雅淡平和，娓娓道来；有的词锋犀利，一语中的；有的嘘寒问暖，饱含温情。信封和信札抬头、落款的书写无不十分讲究，不论是称谓的选择还是书写工具的使用，都能看出文字的背后所蕴含的学养功底和书写者的气质风神。

与此同时，我也收到大量别样的来信，其中尤以来自报刊者居多。有的在我名字之后不再有任何称谓，迹近被通缉；有的信封书写七扭八歪，偌大的天地间几行纠缠在一起的米粒小字，仿佛捆绑的螃蟹。至于行文的直白浅陋，甚至粗暴无礼，也是不时要面对的无奈现实。翻看老一辈学者作家的书信，“先生”“足下”“斧正”“雅教”“拜辞”等敬语谦辞随处可见，浸润在字里行间的那份优雅和谦和，透露出长期文明熏陶下谦谦君子所特有的从容和自信，正是“尺牍书疏，千里面目”，“虽则不面，其若面焉”。

而今，传统的书信文明似乎已成远去的雅乐，只能在杂乱无章的信息洪流中若有若无地存在，只能在先人的收藏中依稀可辨。而在新潮的“穿越剧”中，别人的父亲成了“家父”，自己的爸爸却变为“令尊”。听一听身边人的谈吐，看一看手边的报刊，文明含量几许、文化水准若何，相信大家会有自己的判断。

至于网络语言，新则新矣，有的甚至不乏有趣，但说到底，无非是一种缺乏文化含量的戏说而已。

文化的发展繁荣离不开对优秀传统文化的自觉和自省，而自觉自省的前提是对传统文化基本的认知和积累。胸无点墨，何以自觉？就像黄牛，肚子里没有青草，拿什么反刍？网络时代，点击率成了判断标准和不二法门，而在杂多的信息当中飞来飞去的眼球，其实并未收获几多真知。网络人的头脑，基本是杂乱信息的跑马场。缺乏这种自觉的所谓知识分子，充其量不过是“知道分子”而已。

毛笔、宣纸作为文字书写主要载体的时代或许已经过去，但文明的传承不能因此中断。为什么直到今天我们依然怀念先秦散文、楚辞汉赋、唐诗宋词、明清小说？为什么我们常常默念诸子百家、孔孟老庄？因为我们的血管中流淌着优秀传统文化的血液。这样一种情怀，寄托着几千年来中国传统文人“达则兼济天下，穷则独善其身”的美好理想和对优雅文化的无限怀想。

剪不断，理还乱。要用中国风格的理论体系和话语系统解读当今中国社会的发展秘密，解开中国道路的内在密码，要想在市场经济的冷酷背景下保留一份温暖的人文情怀，不能靠午夜梦回、撕扯自己的头发冥思苦想，不能指望查阅文件、对比口径找寻思想捷径。唯有继承传统、不忘经典，在理论和实际的结合中，才能发现博大精深的优美所在，才能触发自己愚钝很久的灵感和才华，找到通向世界、与各种文明有效对话的渠道和钥匙。

（选自《人民日报》2012.6.25，有删改）

简 评

这篇随笔式的文章，以日渐式微的书信作为切入点思考当今社会的文化现状，表达了对一些传统文化逝去的怀念和对优秀传统文化传承的企盼。文章行文极有章法，作者先通过自己接触到的信件摆出传统书信文明丧失的现状；接着进行分析，以网络语言为例指出传统文化与“新潮文化”的冲突；继而上升到文化发展繁荣的高度谈论传承文明的重要性；最后探讨通向世界、与各种文明有效对话的途径。全文意思层层推进，显示了作者思考的严密和深入。此外，文章以李清照的诗句做题目，不仅契合文意，而且流露出浓重的文化气息。

成长与成熟

□飞鸟

1. 有一天，“我”字丢了一撇，成了“找”字。为找回那一撇，“我”问了很多人：那一撇代表什么？商人说是金钱，政客说是权力，明星说是名气，军人说是荣誉，工人说是工资，学生说是分数……最后“生活”告诉“我”：那一撇是健康和快乐——没有它们，什么都是浮云！

2. 一碗米价值有多大？要是一个家庭主妇，蒸出一碗米饭，也就值一元钱，这是最原始价值；要是一个商人，做成几个粽子，大概能卖到两三元钱；要是一个企业家，经过发酵，酿成一瓶酒，那就值一二十元。人生就像一碗米，每个人都有自己的价值所在，关键是如何去寻找，开发，提升和放大。

3. 快乐靠自己，没有谁能够同情和分担你的悲切；坚强靠自己，没有谁会怜悯你的懦弱；努力靠自己，没有谁会陪你原地停留；珍惜靠自己，别人也不愿意挥霍自己的青春；执着靠自己，没有谁会与你共同进退；一路走过靠自己，没有谁能够一直陪你走到底。

4. 人生就是一个不停放弃的过程。放弃童年的无忧，成全长大的期望；放弃青春的美丽，换取成熟的智慧；放弃爱情的甜蜜，换取家庭的安稳；放弃掌声的动听，换取心灵的平静。——接受与否，有时我们并无选择。爱因为不能拥有而深刻，梦因为不能圆而美丽。人生，总是带着残缺的美，因缺憾而凄美。

5. 初生的路，跟着父母走；学生的路，跟着老师走；社会的路，跟着名人走；这已成了一些人成长的模式。人生的路上唯独缺少了自己。其实，跟着是要学会独立，而不是随从，更不是模仿。让心灵中开出属于自己的花，结出与众不同的果，虽然可能要付出代价，经历风雨，但也会让你自豪，让别人羡慕。

6. 赏析别人是一种境界；善待别人是一种胸怀；关心别人是一种品质；理会别人是一种涵养！欺骗我的人增长了我的见识；绊倒我的人强化了我的能力；中伤我的人砥砺了我的人格；藐视我的人觉醒了我的自尊；斥责我的人助长了我的智慧；遗弃我的人教导了我的独立；伤害我的人磨炼了我的心志。

7. 成长是一种经历，成熟是一种阅历。每个人都会成长，但不是每个人都会成熟。成熟的人，不为得而狂喜，不为失而痛悲，竭心尽力之后，坦然接受而已；成熟的人，不因功成名就而目中无人，也不因默默无闻而卑躬屈膝，持一颗平淡的心，不卑不亢地生活。成熟的人，能够担当，懂得感恩，心静气和，淡定从容。

（节录自文章阅读网《成长是一种经历，成熟是一种阅历》）

简 评

这一组随笔。从不同角度表达了作者对生活对人生的感悟和认识。作者对人生的认识是深刻的，对生活的态度是正确的，能够给人积极的启示意义。

通过这组随笔，我们看到了随笔的另一种写法——不必刻意为文，不必精雕细刻，只要把自己的点滴认识或感悟真实地记录下来就行了。其实这种写法我们常常见到，诸如报纸杂志以及网络上的青春寄语、成长感言之类，就是这样的随笔文字。这样的文字虽然算不上真正意义上的文章，但却是思想情感的真实流露，学着写一写，一定会有所收益。

习作风采

（一）

题 目

农民在二十四节气的旋律中读懂了“春华秋实”的意蕴，工人在春夏秋冬交替的节奏中读懂了“时间就是效益”的哲理，文学家在云蒸霞蔚的变化中读懂了世界，气象学家在日月星辰的凝视中读懂了天气……

那么，你从大自然中读懂了什么？请以“大自然的启示”为话题写一篇文章。

要求：①只要是由自然现象引发的感触，就符合题意；②除诗歌外文体不限，记叙、抒情或议论都可以；③自拟题目，不少于500字。

点 拨

这道命题，话题内容广泛，要求也很宽泛。写好这篇作文，首先要解决两个问题：其一，你从大自然中得到了怎样的启示；其二，这个启示是怎样得到的。这两个问题，前者是文章的立意所在，后者是文章写作的立足点，两者有着必然的联系，写作时要妥善处理。

写好这篇作文，还要选好下笔的突破口。大自然是丰富多彩的，千变万化的，给人的启示也是多种多样的，譬如一阵虫鸣，一声鸟叫，可以引起人们的共鸣；一片树叶，一朵白云，也可以引发人们的无限遐思。这一些，当然不可能全都写进文章中，所以要找到一个合适的切入点。从大处着眼，从小处落笔，文章就好写了。

例文与点评

大自然是老师

古人有过一句极深刻的话：师法自然。

什么意思？大自然是老师！

> 开篇入题，简洁明了。

（一）

A、B本是两棵无关的树，只因为青藤的缠绕，便在不知不觉间长在了一起。而自打长在一起，A树上就结出一种全新的果实：形状仍像A，但味道却像B。这种现象引起了人们的注意，于是就模仿着，用人工的方式，有意识地让两棵不同的树长在一起，果然结出了新型的果实。这样就出现了嫁接——园艺学中一项重要的新技术。

> 大自然教给人们新技术——用具体事例证明“大自然是老师”。

（二）

知道珍珠的来历吗？别看它们瑰丽得像一颗颗星星，可来历却极像一场可怕而漫长的梦。自从一粒小石子突然掉进了珍珠贝那柔软稚嫩的躯体，这可怕的噩梦就开始了。粗粝的小石子不分昼夜地折磨着它，刺疼着它，但它坚强地忍受着，还紧紧地将小石子裹起来，一声也不响。日复一日，年复一年，直到小石子在它腹中变成一颗璀璨的珍珠！

> 大自然创造了美好的东西——仍用具体事例证明“大自然是老师”。

（三）

类似的事很多很多——

成熟的麦穗低垂着头，那是在教我们谦虚！

> 大自然启示人们具有的美德——再用概括的事例证明“大自然是老师”。

一群蚂蚁抬走一块大骨头，那是在教我们团结！

细小的水珠能滴穿岩石，那是在教我们坚韧！

蜜蜂在花丛间忙碌，那是在教我们勤劳！

含羞草默默地收拢叶片，那是在告诉我们切莫张扬！……

的确，大自然是我们的老师！

只要我们肯学，天天都会有收获！

文章紧扣题目，内容集中；用随笔形式，写法灵活。

（二）

题　目

每个人都有自己的世界，比如，爱音乐，有音乐世界；爱篮球，有篮球世界；爱网络，有网络世界……仔细思考这些世界的价值与意义，会有更深的感悟与体会。

请以“在世界中感悟”为题写一篇文章。

要求：①先将题目补充完整，然后作文；②文体自选（诗歌除外）；③不少于500字。

点　拨

命题要求写的，是对这个世界的感悟与体会。

要写好这篇作文，首先要确定“这个世界”是什么世界。因为命题已经做了提示，所以选择起来应该不会有什么困难。确定好了要写的世界，将题目补充完整就容易了。

其次是确定文章的体裁。按命题要求，除了诗歌外，文体可以自行选择，这就给予了极大的选择自由。根据题目含义，可以写成记叙文，也可以写成议论文，当然，其他的文体也未尝不可，譬如散文、随笔或者故事等，只要不是诗歌，都是允许的。

选定了题目和文体，就可以动笔写作了。写作时，一定要有一个明确的写作中心，严格按选定的文体形式写，千万不要将文章弄得不伦不类。

例文与点评

在挫折世界中感悟

人生不是一帆风顺的，没有人能预知生命的起伏，没有人能预测草丛中是否潜藏着毒蛇猛兽……在面对挫折时，千万不能气馁。

开篇亮出观点，点明了文章的写作中心。

遇到困难，要学会超越。司马迁惨遭腐刑，精神受到极大打击，但他毅然选择了坚强，用文字赢得了生命的尊严——他立志“究天人之际，通古今之变，成一家之言”，夙兴夜寐，笔耕不辍，终于完成了被誉为“史家之绝唱，无韵之离骚”的历史巨作《史记》。在挫折面前，司马迁没有感叹自己的不幸，而是将其化作前行的动力，从而创造了生命的辉煌。

以司马迁的事例作论据，阐述“遇到困难，要学会超越”的道理。

面对挫折与失败，每个人的态度不同：在艰难困苦面前，毛泽东有“雄关漫道真如铁，而今迈步从头越”的激昂；苏轼则是“人生如梦，一樽还酹江月”的无奈。不同的态度，造就不同的命运。其实，面对困境，不应做无谓的哀叹，而要脚踏实地走好每一步。正如契诃夫所说：“困难与折磨对于人来说，是一把打向坯料的锤，打掉的应是脆弱的铁屑，锻成的将是锋利的钢刀。”

用毛泽东、苏轼等人的名言正面阐述面对挫折与失败的态度。

回首历史，当小周后姣好的容颜随落花流水渐行渐远，当锦缎铺地的繁华随故国东风逝去，当歌舞升平闺中作乐的往事随无限繁华燃尽，面对残留在记忆中的奢靡时，李煜吟出了“小楼昨夜又东风，故国不堪回首月明中”。在失败面前，他没有总结，没有奋起，迷失了生命的方向，以致无法走出命运的阴霾。

用李煜和小周后的故事从反面进行阐述。

几百年花开花落，早已洗净了风波亭上的点点

文章兼有议论文和散文的特点，是一篇不错的随笔。

残血；几百年潮涨潮落，早已抹去了零丁洋里的声声叹息。在生活的长河里，我们始终要用行动，走过泥泞，跨过坎坷。

结尾用暗喻，语言形象，耐人寻味。

专项探究

表达方式的穿插使用

自由表达

1. 以“可爱的家乡”为题目作文，文中涉及到一处有代表性的景点和一种有地方特色的物产，你将怎么写？请根据自己家乡的情况，分别按要求写一段文字。（100 字左右）

（1）一处有代表性的景点。（用到描写）

____

____

____

____

（2）一种有地方特色的物产。（用到说明）

____

____

____

____

2. 有位同学在一篇游记中说，他们翻过了一座山又来到了另一座山。导游告诉他们：“翻过一座山，为的就是到达另一个山脚。”请承接这句话写一段议论文字。（100 字左右）

____

____

____

____

3. 遵循下面文章的写作思路，按提示补写出相应的内容。

长城随想

①不到长城非好汉。今天，我终于在八达岭登上了向往已久的万里长城。

②（插入描写，写出长城给人的视觉印象）________________________________

____

____

③（插入说明，介绍长城的历史、规模及作用）____________________________

____

____

④长城，凝聚着我国古代劳动人民的智慧，也流淌着劳动人民的血汗和泪水。

⑤（插入叙述，讲述一个与长城有关的故事）______________________________

____

____

⑥随着时代的变迁，长城已经失去了它的历史作用，成为充满沧桑的历史遗迹。有人说，长城是我们民族的骄傲；但也有人说，长城是我们民族的耻辱。

⑦（发表议论）____

____

____

》合作学习

阅读报纸杂志是我们获取外界信息的重要途径。除了新闻、财经、教育、军事等主流板块外，多数报刊都设文化、娱乐、休闲等板块，辟有青春寄语、人生絮语、心动瞬间、心灵鸡汤之类的栏目。这些栏目刊发的文章篇幅短小，语言灵动，内容涉及生活、情感、思想等各个方面，比较适合青少年阅读。

1. 请从见到的报刊中找到这样的栏目，阅读其中的文章并不拘形式做好笔记。

2. 定期或不定期地跟同学进行交流，各自畅谈自己的读书心得。

综合演练

写随笔

自主写作

1. 现在，全国人民都在谈论“中国梦”。你对“中国梦”是怎样理解的？请写一篇随笔式的文章表达自己的认识。

要求：①自定立意，自拟题目，自选文体；②能综合运用表达方式，语言通顺。

2. 青春，是一个多么阳光、多么清纯、多么充满朝气的亲切词语。处在青春时期的少男少女们，谁不曾有过青春的欢乐？谁不曾有过青春的烦恼？你经历过吗？一个人应该怎样度过自己的青春时光？是珍惜还是挥霍？你思考过吗？

请以“青春”为话题写一篇随笔。

要求：①自拟题目；②除诗歌、戏剧外，文体不限；③表达灵活，语言通顺。

3. 根据自己读过的书，用随笔形式写一写自己的读书感悟和体会。

要求：①题目自拟；②可以是一篇完整的文章，也可以是一组相关的片段，形式不拘，表达灵活。

交流评议

跟同桌进行交流或以小组为单位进行评议，然后依据本次活动的写作目标和要求，填写作文质量评价表。

修改升格

根据同学的评价意见和老师的指导要求，在原稿上对自己的作文进行修改，然后整理出升格后的作文。

8 灵活转换表现形式

活动目标

1. 了解表现形式转换的情况。
2. 明确改写的要求，能够按要求进行改写。
3. 学会缩写、扩写、续写和补写。

写作导航

作文就是用文章形式把现实生活中的景和物、人和事以及自己的感受、认识等表达出来，表达的方式主要是记叙、描写、说明、议论和抒情。按照不同的表达方式，就有了记叙文、说明文、议论文等不同的文章体裁，有了诗歌、小说、剧本、散文等不同的文学样式。

任何体裁的文章和文学样式都离不开语言，但表现外界事物和内心情感的形式并非只有语言。譬如，音乐、舞蹈的主要表现形式是表演，绘画、雕塑的主要表现形式是造型，而戏剧和影视则是综合了语言、表演、造型等多种表现形式。于是，就出现了各种表现形式的转换问题，例如将音乐转换为文字解说、将绘画转换为语言描述、将诗歌转换为散文、将小说转换为影视剧本等。

现实生活中，人们在思想交流、信息沟通等方面，出于某种需要，常常需要转换表现形式。中考作文中，也常常出现转换表现形式的命题。对于中学生来说，表现形式的转换主要是文体与文体的转换和图表与文字的转换。关于图表与文字的转换，我们在看图作文时已经练习过，现在重点学习不同文体文章的互相转换。

不同文体的文章互相转换，是以改写的形式呈现的。所谓改写，就是将一种文体的文章改换为另一种文体的文章，例如将诗歌改写为记叙文、将诗歌或记叙文改编为剧本、将剧本改写为故事等。

改写，实质上是以原作为基础进行的再创作活动，改写的核心在于一个“改”字：允许改变文体，允许改变人称，允许改变叙述方式，允许改变记叙顺序，但是绝不允许改变原作的主题。因此，改写时必须做到以下五点：

1. 读懂原作，熟悉原作的内容，把握原作的主题，理清原作的结构脉络。因为改写是在原作的基础上进行的，做不到这一点，改写就无法进行下去。

2. 明确改写的要求，譬如指定的文体、提示的重点、规定的字数等。改写的要求关系到改写的成败，一定要给予足够的重视。

3. 要在原文基础上进行，决不可抛弃原作或者改变原作意思凭空编造。这一点体现着尊重原作、忠于原作的改写原则，不能违背。

4. 改写不等于重写，需要对原作进行必要的再加工或再创造。服从于表达主题的需要，可以借助想象补充必要的情节，添加具体的描写，以丰富文章内容。

5. 要用自己的语言写，不能照抄原作语句或者变相地复制原作语言。用自己的语言写，要做到表达准确，语意连贯，在通顺的基础上力求生动。

明确了改写的要求，并严格按要求去做，就一定会写出成功的改文来。

除了改写外，中考作文命题中有时会出现缩写、扩写、补写或续写的内容。看起来，缩写、扩写、续写、补写似乎跟改写同属一种类型，其实二者有着本质的不同：改写是完全改变了原作的表现形式，而缩写、扩写、续写、补写只是改变了原作的容量，其表现形式根本没有变动。不过有一点还是相通的，那就是都必须尊重原作，不得随意改变原作的意思。

缩写、扩写、补写、续写在日常学习或工作中经常用到。为了适应今后学习、工作的实际需要，也为了应对即将面临的考试，掌握这几种写作形式还是非常有必要的。

1. 缩写。缩写就是把篇幅比较长的文章压缩成符合要求的短文章。用于压缩的文章，既可以是记叙文，也可以是议论文或者说明文。缩写的基本要求是原文意思不变，原文结构不变，语句通畅，语意连贯，字数符合要求。因此，缩写前要熟读原文，把握主要内容，理清脉络结构；缩写时要提取原文要点或主要信息，重新整合成一篇精短的文字；缩写后要对照原文，检查文意是否与原文相符，语意是否连贯以及字数是否在规定的范围之内。

2. 扩写。扩写跟缩写正好相反，是将内容单薄的短文章扩展为内容丰富的长文章。用于扩写的文章也是记叙文、议论文或者说明文；扩写的基本要求也跟缩写一样，只不过缩写是对原文内容进行压缩，而扩写则是对原文内容进行充实。扩写时，要根据不同文体区别对待——是记叙文，要发挥想象和联想，补充必要的情节和细节，增加必要的描写；是议论文，要明确论点的意思，按照证明论点的需要添加必要的论据并进行必要的分析；是说明文，则要根据对说明对象的了解补充必要的材料，并且在如何说明上多动点心思。

3. 续写。续写一般是遵循原文思路进行延伸，也可以另辟蹊径，推陈出新。这种写法，受到的限制比较小而发挥的余地比较大，尤其是记叙类文章譬如小说的续写，可以充分发挥想象，大胆进行推测，构思出全新的情节或塑造出全新的形象。议论文、说明文的续写很少见，可以把练习的重点放到记叙文的续写上。

4. 补写。补写就是按照要求对原文中缺失的内容进行补充，使残缺的原文成为一篇完整的文章。需要补写的情况有两种：一是根据文章的开头和结尾补写中间内容，二是根据文章的中间内容补写开头和结尾。因为补写的内容受原文限制，所以补写时要慎重考虑，务必使补写的内容跟原文保持一致。

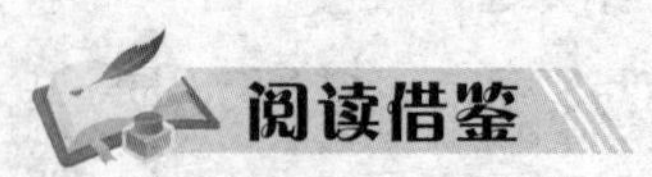

阅读借鉴

》佳作魅力

依依惜别情

□刘振

唐天宝十四年的一天早晨，温暖的阳光洒满汪家小楼。大诗人李白被窗前小鸟的叫声惊醒，他戴好纱帽，穿好红衫，来到楼下，向桃花潭走去。风光旖旎的桃花潭镶嵌在群峰之中，水质清澈，波平如镜。从桃花潭到上游的玉屏山，沿途长满了桃树。现在正是仲春，桃花盛开，姹紫嫣红，将潭水映得一片火红。在旭日的照耀下，水花相映，似红霞缭绕，又如彩练舞空……李白看到这里，不禁心旷神怡，深深陶醉于这独特秀美的山野风光中……

吃早餐了，主人汪伦特地为李白端来了百年陈酿桃花潭酒。李白小抿一口，红晕顿时涌在脸上，他轻捋胡须，连连赞道："好酒，好酒啊！"

"观潭景，沐潭水，饮潭酒，此桃花潭三乐也！"汪伦笑道。

"'先生好游乎？此地有十里桃花。先生好饮乎？此地有万家酒楼。'老弟呀，亏你想得出，给我写这封信，骗我过来。"

"不如此，安能请你大诗人驾到？"

"十里桃花乃十里之外的桃花渡口，万家酒楼竟是万姓人家的酒楼。老弟你……"

"你后悔了？"汪伦扬起脸庞，狡黠地眨了眨眼。

李白端起酒杯一饮而尽。"水好，酒好，人更好，不虚此行，不虚此行也。哈哈……"

饭后，李白上网，发现了一份电子邮件：老兄：明儿黄山，不见不散！豆腐。

"豆腐……豆……腐……杜甫！"李白默读了几遍。不禁哑然失笑，一向以严谨著称的子美兄，今天也开起了玩笑。你别说，也只有杜甫才想得出这押韵的顺口溜呢！

李白急急收拾行李，匆匆来到楼下。他不忍当面向汪伦告别，想不辞而别。

来到桃花潭渡口，天淅淅沥沥下起了小雨，潭水泛起点点碎碎的微波，岸边的树木随风摇摆，好像伸出长长的臂膀也在挽留李白似的。站在船头，李白环视四周，一股淡淡的怅意涌上心头，汪伦会不会……

突然，从来的路上传来隐隐约约的歌声。李白侧耳细听，好像是几个人合唱，很有声势。歌声高昂时，响彻云天，低沉时，缠绵悱恻。"此曲只应天上有，人间能得几回闻？"李白叹道。他踮起脚，向岸上望去。来人近了，打头的那个不是汪伦吗？戴幞头，穿麻布衣，后面跟着一大群村民。他们一边唱歌一边用脚踏地合着节拍，急匆匆地向渡船走来……

李白眼睛一热，失声叫道："汪伦老弟……"再也说不出话来。

人群来到岸边，停了下来，但他们的脚还在踏地，手还在不停地打着拍子……“李兄，我率众乡亲特来相送。”歌声戛然而止，汪伦对着李白，双手抱拳，举过头顶。

李白用手拭了一下眼泪，好半天才说：“汪伦老弟，可愿与我黄山同行？”

汪伦没有回答，突然朗声唱道：“长亭外，古道边……”一时间，众乡亲以脚踏地，一齐和着汪伦的调子唱起……

李白再也抑制不住自己的感情，潸然泪下，他整了整斗篷，头扭向一边，向船家挥了挥手。船缓缓地开了。“晚风拂柳笛声残，夕阳山外山……”歌声继续着。望着岸上的众乡亲和深深的桃花潭水，李白似乎在想着什么……

汪伦回到家里，打开电脑发现一份李白发来的邮件：

赠汪伦

李白乘舟将欲行，
忽闻岸上踏歌声。
桃花潭水深千尺，
不及汪伦送我情。

汪伦看了自言自语道：“李兄真不愧是文坛奇才，诗中豪杰，吾不如也！”

（选自《阅读与鉴赏》）

简评

这是由李白《赠汪伦》这首诗改写的一篇记叙文。文章抓住原诗中的“送”字，借助丰富的想象生发出一个感人的送别故事；抓住原诗中的“情”字，表现了李白和汪伦的深厚友谊，突出了送别的无限深情。文章忠于原诗又不拘泥于原诗，表现出作者对原诗的深刻理解和创新精神。作者在改文中幽默地揉入了上网、邮件、电脑等现代概念和李叔同《送别》中的歌词，在貌似不合理的时空错乱中收到合理的表达效果，这也是本文的特点之一。

独幕剧：石壕吏

□汪昊暐

时　间：公元785年的一个傍晚。

地　点：石壕村里的一户穷苦人家。

人　物：老妇　数个差役　老翁　杜甫

布　景：一间茅草屋破旧不堪，院子里杂草丛生，四周残垣断壁，随时要倒的门虚掩着。屋里传出婴儿的哭声。门外一棵枯树，几只乌鸦凄厉地叫着，如血的残阳挂在枝头……

（张牙舞爪的官吏们又来村里捉人了，一霎时鸡飞狗跳。怒吼声、哭泣声、人们逃窜的脚步声。……悍吏们来到了老妇家的门前。）

悍吏甲：（用力踹门，门应声而倒）快来人！死哪去了？滚出来！

老　妇：（惊恐地）老头子，你快翻墙逃跑吧。外面我来应付。（老翁越墙逃走）

老　妇：（对杜甫）你也快藏起来吧！

杜　甫：（愤怒地）我不怕！我是朝廷的官员！……

老　妇：（打开门）来了，来了，来了，来了……

悍吏乙：（气势汹汹）你怎么才来，家里男人呢？

老　妇：（悲戚地，泪流满面）我有三个儿子，他们都到邺城当兵了。一个儿子捎信说两个哥哥都战死沙场了。我苟且活着，不知道还能挨多久。唉，死去的已经不在了。

悍吏丙：（满腹怀疑）真没了？

老　妇：没有了，家里只有一个还吃奶的孙子。因为孩子还吃奶，所以他娘还没走，已经穷得出门都没有一件完整的衣服了。

悍吏们：（生气地说）你家没人充军，那国家怎么办？

老　妇：（无奈地）我去吧！！

悍吏甲：你去有什么用？！

老　妇：我虽然老了，力气也衰了，现在带我去河阳，明天就可以为你们做早饭了！

（老妇被抓去服役了。夜深，说话声停止了，隐约听见老翁、儿媳妇、孙子在抽泣……）

天亮，瑟瑟秋风中，杜甫跟老翁挥泪而别。

——幕落

简评

本文是由白居易的《石壕吏》改写的独幕剧。由诗歌改写为剧本，难度比较大，但本文改写得比较成功——具备戏剧的基本要素，有集中的矛盾冲突，用对话显示主要内容。再对照原文看，保留了原诗的主要人物，细化了原诗的主要情节，跟原诗的主题保持一致。这一些，充分显示了作者对原诗的深刻理解，也显示出作者具备的改写能力。

习作风采

（一）

题目

阅读陶渊明的下面这首诗，将这首诗歌改写为一篇记叙文。

归园田居（其三）

种豆南山下，草盛豆苗稀。晨兴理荒秽，带月荷锄归。

道狭草木长，夕露沾我衣。衣沾不足惜，但使愿无违。

要求：①自选角度，自拟题目；②不要改变原诗的主题；③补充必要的情节，想象合理，描写具体；④用自己的语言写，不少于600字。

点拨

陶渊明的这首《归园田居》，生动地描写了诗人归隐后的生活和感受，抒发了辞官归隐后的愉快心情和乡居乐趣。文章以平淡自然却富有情趣的语言，勾画出淡泊名利、安贫乐道的高洁傲岸的诗人形象。明白了诗作的内容和思想感情，就可以动手改写了。

改写前，要考虑好两个问题：一是人称——原作可以看作是第一人称，我们可以改为第三人称，以旁观者的视角来写；二是体裁——原作是一首古诗，可以把诗歌变为一篇散文。改写时要紧扣原作，充分发挥想象，补充必要的情节，具体描绘诗中秀美恬淡的景致，具体展现诗人的志趣和追求。

例文与点评

满　足

□余璐

薄雾绕山野，朝露待日晞。清晨的南山分外美丽、清幽。

依稀薄雾中，从一个破旧但不杂乱的小茅屋中走出一个青袍隐士。没有人作陪，只有与还在云雾中的朝露相依。

他扛着锄，一手还攥着一本书，一只指头上还勾着一壶酒。长发和青袍一同随着风在锄上乱舞，步伐零碎而轻盈，在狭窄而泥泞的小道上留下一串脚印。青袍不时碰到小道旁丛生的草木，草木上的露水把青袍打湿了。他不紧不慢地向前走。一直走到了南山脚下的一块田地边，方悠然地停下了脚步。

田中杂草丛生，盖过了豆苗。如果不仔细分辨还真找不到一株豆苗。望着这不知能否称得上豆苗的田地，那张秀气的脸上露出了一丝让人难以捉摸的笑意。特别是那双眼睛，流露出一股暖意，是满足。

到树下放下书与美酒后，他便挽起双袖，开始清理田中杂草。他抿着嘴唇，似乎带着一丝倔强，一种决心。那么专注，那么认真。

也许是累了吧，后来他时而清理杂草，时而向远处眺望。望着山中翠竹，看着朝日一点点跳出云端，他又笑了，是闲适，也有满足。后来，他干脆不干了，躺在了田中。他似乎一点也不在意青袍被泥土弄脏，反倒是喜欢上了泥土那淡淡的香气。看

开头写景，营造了人物活动的环境。

由远景到近景推出主人公，一如电影镜头。

用“他”字显示人称转换，用“锄、书、酒”揭示诗人身份和性格，语言表达准确精练。

此乃诗中的“草盛豆苗稀”，是诗人“晨兴理荒秽”的直接原因。

此乃“理荒秽”的直接行动。

时时扣紧“满足”二字，将诗意演绎得淋漓尽致。

着太阳在云边嬉戏，听着小鸟清脆的叫声和远处的松涛声，又是满足地一笑。

就静静地躺到晌午，阳光无一遗漏地洒在他身上。也许是阳光太过刺眼，或许是想到了什么。他起身，径直走到树下。只见他端起酒，拿起书，边看边喝。酒的味道似乎不错，书大概也很精彩，因为他的脸上一直挂着淡淡的笑容，神情十分专注。待酒喝尽，他才发现已为时不早。扔下书与酒壶，走到田间，开始除草。也许是经验不足，杂草未除，豆苗却折断了。可他并不懊恼，反而觉得有趣。不觉中，月已快上柳梢头，暮色照大地。

行动描写细腻传神，符合原诗中的诗人性格。

“该回去了，”他告诉自己。扛起锄，攥起书，拎起酒壶，回家了。月色皎洁，他的脸被月色笼罩。青袍又不小心被沾湿，可他依旧高兴，并不感到惋惜。他觉得这样远离官场，可以不被名利所拖累，这是莫大的幸福。只要这样他就满足了。

清风徐来，吹乱了他的发丝，吹起了他的青袍。夜色中，青袍男子边赏月，边哼着小调，徐徐走向他的茅舍。

由抒情色彩很浓的田园诗改写成感情浓郁的散文，是一大亮点。

诗中没有提到“酒”，但诗人“性嗜酒”。补充这一细节，又是一大亮点。

文章语言也很美。

（二）

题 目

阅读清代高鼎的下面这首诗，将这首诗改写为一篇散文。

要求：①自拟一个恰当的改写题目；②不要改变原诗的意思；③用自己的语言写，描写具体；④不少于500字。

村 居

草长莺飞二月天，拂堤杨柳醉春烟。

儿童散学归来早，忙趁东风放纸鸢。

点 拨

这首诗写春天郊外即目所见的景象：春光明媚，一群儿童迎着东风放风筝。诗作语言明白如话，具有浓郁的生活气息。

改写这首诗，可以把自己想象成诗人，置身于诗人描写的环境中。这样可以真切地感受到诗作的意境，改写起来自然会得心应手。诗的内容比较简单，正因为简单，所以改写起来更费事——需要根据诗意补充很多因素，譬如构造文章的情节，描写诗中涉及的景物，等等。因此需要大胆地进行想象，大量地进行描写，尽量使改写的文章内容充实。

例文与点评

乡村的乐趣

早春二月，阳光明媚，春意盎然。

> 点明时间。

走出居所，我漫步在乡间小道上。无边的春色扑面而来，我感到无比地惬意。看，大片大片的小草摆脱了严冬的束缚，在春雨的滋润下，从松软的泥土里探出了嫩绿的小脑袋儿。几只黄莺在温润的空中无拘无束地飞舞着，欢快地歌唱着。它们的舞姿是那么轻盈，歌喉是那么甜美，为这迷人的春景增添了无穷的生趣。

> 用第一人称写，与原诗的人称保持了一致。
>
> 语言生动形象。

和煦的春风徐徐地吹着，吹醒了堤岸上的杨柳树。杨柳树开始发芽了，淡淡的黄绿色的枝条轻轻地摇曳着，像亭亭玉立的少女在梳理着浓密的秀发。柔长的柳枝上挂满了稚嫩的幼芽，嫩芽上的绒毛还没有完全退去。在春风的吹拂下，幼芽随枝条轻轻晃动，似乎每一簇嫩芽上都有一个颤动的新生命。堤岸上的杨柳树好多呀，高高低低的，有的很规则地排列着，有的调皮地簇拥在一起。浓密的枝条交织着，一排排，一片片，远远望去，像淡淡的烟雾笼罩着河堤，显得朦胧而又神秘。

> 这段文字描写细腻具体。拟人、比喻等修辞手法的运用，使描写的文字形象生动。

喔，如诗如画的春光使我沉醉了！

“嗷，放风筝喽！”银铃般的童音从身后传来。循声望去，原来是一群散学早归的孩子。他们已穿上薄薄的春装，脸上洋溢着灿烂的笑容，手里拿着各式各样的风筝准备去放飞。风来了，孩子们欢叫着，一手拽着线，一手举着风筝，在草地上飞快地奔跑着。五颜六色的风筝陆陆续续地飞上天空，孩子们追赶着，嬉戏着……

这欢腾的景象，似乎把我带回了那天真烂漫的孩童时代！

太阳已经偏西，它仍旧不知疲倦地吐洒着光辉。眼前的那草，那鸟，那杨柳，还有那放飞风筝的孩子们，构成了一幅动人的春色画面，奏响了和谐的春天的韵律。

（选自《全国优秀作文选》，有改动）

按原诗顺序由写景转入叙事。叙事简洁，洋溢着浓郁的农村生活气息。

改写忠实于原诗主题，再现了原诗的意境和感情。

将古诗改写成精美散文，体现了作者对诗歌的准确理解，也显示了较强的语言表达能力。

缩写、扩写、续写和补写

自由表达

1. 将下面描述“太姬陵”的文字缩写成100字以内的说明文字。

真是百闻不如一见，太姬陵确实令人陶醉。让我们跨进太姬陵园的大门，漫步向前走去吧。陵园占地十七公顷，从大门到太姬的陵墓，由一条长长的笔直的甬道直接连接起来。甬道的两旁，竹树成荫，鸟鸣啁啾；空气中弥漫着玫瑰花和柠檬花的馨香。陵园中还有一渠宽宽的清莹的流水，有时潇洒活泼地流向远处，有时又情意绵绵地突然出现在你的眼前。你走着走着，冷不丁抬眼一望，那被称之为奇迹的陵墓便突然耸立在你的面前了：它是用纯白大理石建成的，高达七十四米，像一朵云团似的从平地升起，背衬着热带碧蓝澄澈的天空，莹莹闪烁，灿烂生光，仿佛是哪个神话里的情景一般。而整个陵墓罩在一片白色的光辉中，远远望去，宛如仙山琼阁，疑是人间天上。

2. 请将《笑林》中的下面一则笑话扩写成一个小故事。（可以补充必要情节，但不得改变原文意思；不少于60字）

一人偶仆，方起，复跌，乃曰：“早知还有一跌，不起来也罢。”

3. “船动湖光滟滟秋，贪看年少信船流。无端隔水抛莲子，遥被人知半日羞。”这是唐代诗人皇甫松写的一首诗，题为“采莲子”。这首诗中的每一句都可以想象成一个电影镜头，前两句的镜头脚本已经写出，请续写后两句的镜头脚本。（每个镜头不超过50字）

场　景：湖边。采莲船上。

人　物：采莲女，小伙子，女伴。

镜头一：秋日湖上，波光粼粼。一位美丽的姑娘驾着采莲船从荷花丛中划出，左右顾盼。

镜头二：忽见岸上有位英俊少年，姑娘悄然心动，痴痴地看着他，竟忘记了摇桨，任凭船儿在湖面上飘荡。

镜头三：

镜头四：

4. 在下面的短文后补写恰当的事例。（叙述简洁，有简要分析，不少于100字）

《孟子》中有这么一句话：“尽信书，则不如无书。”这句话道出了读书的精髓。因为认识的局限或时代的制约，书里所写的事和所讲的道理不一定都是完全正确的。

所以读书时要有独立思考的精神，不能盲目地迷信书本。

合作学习

《孔乙己》中的孔乙己被赶走后怎样了？写《桃花源记》的陶渊明还能再回去吗？教材里的一些课文和课外读物中的一些作品，都给我们留下了续写的余地。

1. 请选择学过的某一课文或读过的某一作品，发挥联想和想象，续写一篇文章。

2. 续写完成后，以班级为单位进行一次创作研讨活动。

改写古代诗歌

自主写作

1. 阅读唐代诗人张籍的下面一首诗，将这首诗改写成一个故事。

野老歌

老农家贫在山住，耕种山田三四亩。苗疏税多不得食，输入官仓化为土。

岁暮锄犁傍空室，呼儿登山收橡实。西江贾客珠百斛，船中养犬长食肉。

要求：①自选角度，自拟题目；②不可偏离原作主题；③补充必要的情节，想象合理；④语言通顺，不少于600字。

2. 品读辛弃疾的下面一首词，将这首词改写为一篇散文。

西江月・夜行黄沙道上

明月别枝惊鹊，清风半夜鸣蝉。稻花香里说丰年，听取蛙声一片。

七八个星天外，两三点雨山前。旧时茅店社林边，路转溪桥忽见。

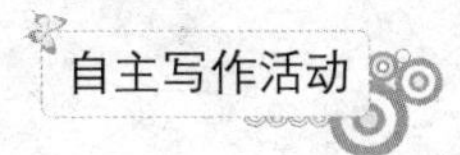

要求：①拟一个恰当的题目；②体现原作的意境和情趣，不得改变原作主题；③描写具体，语言生动；④不少于600字。

交流评议

跟同桌进行交流或以小组为单位进行评议，然后依据本次活动的写作目标和要求，填写作文质量评价表。

修改升格

根据同学的评价意见和老师的指导要求，在原稿上对自己的作文进行修改，然后整理出升格后的作文。

自由实践活动

ZI YOU SHI JIAN HUO DONG

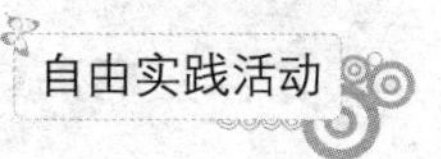

1 举办采风征文大赛

活动目标

1. 认识采风活动的意义，积极参加采风活动。
2. 了解征文大赛的流程，积极开展征文活动。

活动指导

采风征文大赛包括采风和征文大赛两项活动。征文大赛是活动的中心，采风是征文大赛的基础，因此，一定要扎扎实实地搞好采风活动。

采风活动是一项很有意义的实践活动。开展这项活动，可以开阔我们的视野，增长我们的见识，丰富我们的生活积累，提高我们的语文能力；可以让我们感受到祖国传统文化的丰厚底蕴，加深我们爱祖国、爱家乡的思想感情。

从词义上讲，“风”指民歌，“采风”就是搜集民歌，例如《诗经》中的《国风》，就是从当时十五国的民歌中搜集来的。但是，我们在这里所说的“风”已经不仅仅局限于民歌，而是包括民间文化的全部内容，如衣食住行、婚丧嫁娶等民族风俗，剪纸、泥塑、舞蹈、戏曲等民间艺术，以及不同地域的农谚、方言等等。所谓“采风”，就是走出校门，到民间去，到人民群众中去，对当地的民俗文化进行调查、搜集和整理，从而发现民俗文化的瑰宝并认识民俗文化的价值。

真正到民间去采风，不是一两天就能结束的事情。鉴于采风活动的时限性，这一活动适合安排在星期天或节假日进行。

活动开始前，应首先确定出活动的目标和范围。因为民俗文化是丰富多彩的，其表现形式又多种多样，如果没有具体的采风对象和明确的采风范围，盲目出发，便很难达到采风的目的。其次，还要制订出详细的活动计划，采什么风，怎么采，什么时间采，等等，都要事先安排好，以保证采风活动有条不紊地进行。

活动进行时，要做到眼、耳、口、手、脑并用——但凡与采风对象有关的内容，都要用眼睛细心看，用耳朵仔细听，勤于问询，勤于记录，还要善于开动大脑对接收到的信息进行分析。民俗文化主要来自农村市井，随着新生活的到来和新文化的兴起，一些具体的民俗内容如传统礼仪、农事谚语、民间小调、地方剧种等，都因其与时代不相适应而逐渐被人们淡忘。因此，要想真正获得第一手材料，就必须重视年长的老人，尤其是那些曾在某一方面有过专长的老人。因此，一定要加强同老人们的沟通，要用尊重的态度和崇拜的语言调动他们的积极性，让他们把自己知道的东西毫无保留地告诉我们。在采风过程中，最好随身带着相机、录音机，随时拍摄有关的实物图片，如有特色的工艺品、民间活动现场等；录下有关的语音资料，像一些民间小调、戏曲等。

活动结束后，要及时对搜集到的材料进行整理。在整理过程中，要注意做好两件事：其一，有资源共享的思想意识，对搜集到的材料，同学间互相交流，不要彼此封锁信息；其二，有探求真知的学习精神，对搜集到的材料，同学间互相讨论，必要时，可借助地方史志、民俗典籍或网上查询等进行核实。

有了采风的实践经历，又有了搜集到的资料，就可以着手筹备征文大赛了。

征文大赛开始前，最好先进行一次采风成果展示。采风成果展示的时间，最好是在新学年或新学期开学后的三周左右。因为采风活动一般安排在假期中进行，学生有充足的时间去采风；开学三周左右进行，学生准备的时间也比较充裕。学生展示的成果，可以是具体的实物、图片，也可以是各种形式的文章。采用实物、图片的，一定要配以相应的说明文字。总之，要做到不拘一格，有声有色。

为了使征文大赛卓有成效，全部过程可分为初赛、复赛两个阶段。

初赛阶段以班级为单位。可提前通知各班，鼓动学生按征文启事要求积极撰写征文。征文启事要明确，注意以下几点：

1. 举办征文大赛的目的、对象和征文截稿日期。

2. 征文写作的内容和文体要求。对于征文内容，要在“采风”这一范围内放开，但凡涉及民俗文化的范畴，如当地具体的风俗习惯、特色物产、民间曲艺、历史传说等，都可以作为写作的题材。征文体裁也要放开，诗歌、散文、故事、随笔、调查报告、小品文等都可以，不要有任何限制。

3. 强调注意事项。参赛的文章一般不超过2000字；必须是自己创作的，坚决反对抄袭、请人代笔和网上下载等不良行为；要用专用稿纸认真誊写，打印的稿件更受欢迎。

在规定的期限内将征文收齐，由语文老师组织初评，选出特别优秀的3～5篇送年级评委会参加复赛。

复赛在初评结束后进行。要成立精干的评委会，对各班选送的参赛征文进行总评。

复赛可设若干奖项，成绩揭晓后给获奖的同学颁发获奖证书。大赛结束后，可由老师对获奖作文进行点评，然后结集印刷，同学间交流。

“沂蒙风情”优秀征文两篇

沂河的来历

□田歌

沂河发源于沂山，流过九曲十八弯，汇入淮河，注入黄海。

沂河水四季长流，它滋润着两岸的田地，养育着两岸的人民，同时也孕育了一个优美感人的故事，这就是沂河的来历。

传说很久、很久以前，这里没有河流，方圆几百里的沂山，只有光秃秃的山和山上山下干巴巴的地。这可苦了老百姓，雨水好的年头，种一葫芦还能收两瓢；雨水不好的年头，种下的庄稼就颗粒无归。人们没饭吃，没衣穿，一年又一年，在饥寒交迫中煎熬着，挣扎着。

也不知从什么时候起，山上古庙里住进了一个贪心的道士。他看到人们没有衣服穿，就从外地弄来一些破布片子，打着“普度众生”的幌子，勒索山上山下的老百姓。没有饭吃，人们还可以忍一忍，没有衣服穿，那可是出不去门的，于是，人们只好挪出救命的一点点粮食，向贪心的道士换几尺破布做衣服。

有一年春天，山外来了一个穿绿衣服的年轻姑娘，住在村东山上的大石洞里。她从哪里来？谁也不知道，只听她说是逃荒的。善良的山里人见她无依无靠，便东家一口菜西家一口汤地周济她。为了答谢大伙，姑娘就把随身带来的桑籽撒到各家地埝上。一场春雨过后，桑籽发芽了，不久，便长出了嫩嫩的叶子。桑树长起来了，姑娘又弄来蚕种，教大伙采桑养蚕。蚕长大了，结了茧，姑娘就带领村里的姐妹们抽出白白的丝，染成绿绿的线，开始纺织锦缎。她们纺呀，织呀，没白没黑地干了七七四十九天，眼看着碧绿柔滑的锦缎就要织成了，有了锦缎做衣穿就再也不受道士的敲诈了，想到这里，大伙儿心里都乐滋滋的。

可是，贪心的道士却气昏了。他想，有了锦缎，谁还买我的破布片子呀？没人买，自己的生财之路就断了。因此，他恨透了姑娘，一个罪恶的念头产生了。

就在锦缎快要织成的最后一天晚上，贪心的道士手持利剑摸到了姑娘的石洞里。当时，姑娘心疼劳累的姐妹们，就把她们一个个地撵回家去休息，石洞里只有自己一个人，她打算赶在天亮前把锦缎织出来。正当姑娘专心致志地织缎时，贪心的道士悄悄扑过来，朝着姑娘就是一剑。哪知姑娘不慌不忙，顺手用织布梭一挡，只听“当啷”一声，利剑砍在梭子上，织布梭发出了神奇的银光。这时，天上响起了美妙的音乐，姑娘举着银梭，冲出石洞，驾一片祥云，向着天河腾空而去。奇异的闪光和美妙的音乐惊动了村里的人们，当大家赶到石洞时，姑娘已经不见了。向空中望去，却见银河里多了排成梭状的四颗星星，那是姑娘手中的织布梭变成的。这时人们才知道，跟大伙儿相依为命的绿衣姑娘，就是天上的织女星。后来，人们管天河里的这四颗星星叫“梭星”。

再说，那个贪心的道士当时被光耀得睁不开眼，人也被震昏在地上，醒过来后，挣扎了好一会儿才爬出山洞。听大伙说姑娘是天上的织女星，他也着实感到害怕，但看到石洞织机上快要织成的那匹锦缎，便顿生邪念，打算把万金难买的宝物占为己有。于是，他逼住洞外的群众，又回到洞里。当锦缎被他用利剑割下来的时候，只听“轰”的一声巨响，锦缎变成了一股巨大的水流，冲出洞口，向山外流去。水流越来越大，逐渐变成一条大河。大河顺着山势，一

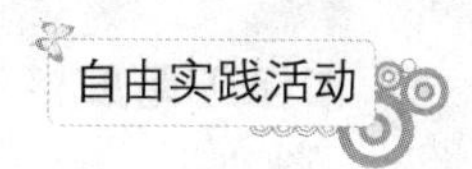

直冲入黄海，那个贪心的道士，就这样被冲到大海里喂鳖去了。

从此，沂山里有了河，有了水，有了满山的绿树，有了遍地的五谷……人们怀念这位姑娘，就把她住过的石洞称为“织女洞”。因为这条绿缎子一样的河是从沂山里流出来的，人们便给它起了“沂河”这样一个好听的名字。

古朴的民间艺术

□文惠

沂水的民间艺术丰富多彩，音乐、舞蹈、戏剧、曲艺、剪纸、彩扎、雕刻以及书法、绘画等，都在境内广为流传，其中影响最大的是舞蹈和剪纸。

舞蹈，县内旧称“玩耍”，种类很多，踩高跷和扭秧歌是其代表样式。

踩高跷是人们喜庆丰收和欢度春节的主要娱乐活动，历史悠久，至今不衰。表演时，表演者双腿绑上等长的楔形木棒，使双脚离地面不少于60厘米，然后男女搭配，两人一对，按规定的舞步和编好的队形进行表演。高跷队的舞步受锣鼓控制，流行的队形有乌螺阵、四门阵、万字阵、蝴蝶阵、剪子花、垛牌坊、金蝉脱壳、二龙出水、金丝缠葫芦等，其间变换由领队指挥。表演者扮演的人物和表演的内容，随着时代而变化。抗日战争时，有的扮演八路军，有的扮演日本兵，表演的是八路军痛打日本鬼子；土地改革时，有的扮演农民，有的扮演地主，表演的是农民斗地主；近年来，多扮演神话中的人物，如《西游记》中的唐僧、悟空、八戒、沙僧，《白蛇传》中的许仙、白娘子、小青等。高跷队的队尾一般要配以丑角，是用来引观众发笑的。

扭秧歌始于抗日战争时期，因为简便易学，便很快普及。扭秧歌的表演者男女不拘，人数不限，表演时，腰系彩绸，两手各执一端，伴着锣鼓，边扭边唱。秧歌的基本舞步是进三步，退三步，队形有很多变化。秧歌表演的内容也具有鲜明的时代性，主要体现在歌词上，例如“扭呀扭呀扭三扭，一扭扭到十八九，俺娘要给俺找婆家，俺就跟着八路军走”这段歌词，抗日战争时在全县广为流传。这段秧歌词，以诙谐幽默的语言，表现了老区女青年对共产党领导的八路军的热爱之情，表达了冲破家庭束缚参军杀敌的决心。秧歌舞步轻松，音乐明快，适合在喜庆场合演出，抗日战争和解放战争时期，前方打了胜仗，人民群众便经常用这种形式表示庆祝。类似踩高跷、扭秧歌的民间舞蹈，境内还有跑马灯、冲旱船、挑花篮、舞狮子和打花棍、敲腰鼓等多种形式。至今，这些舞蹈仍为广大群众喜闻乐见，每年春节，许多乡镇乃至一些村庄，往往自发组织起来进行表演，有的还进军县城到各部门各单位进行慰问演出，使节日的县城增添了喜庆的气氛。

剪纸艺术在沂水遍布城乡各地，按用途可分为张贴和什样两大类型。

张贴型剪纸的作用是美化，包括春节用的门笺、窗花和结婚用的“喜”字。沂水风俗，人们过春节除了张贴春联外，还配合春联在上门槛上贴门笺。门笺又叫“过门笺”“萝卜笺”，长方形，每10张为一门，每门有大红、粉红、黄、绿、紫5种颜色。门笺上剪有各种各样的图案、花纹和文字，传统的文字有“福”“春”“人财两旺”“恭喜发财”等，随着社会的发展，门笺上又先后出现了“勤劳致富”“革命到底”“改革开放”之类的带有时代色彩的文字。门笺是吉庆的象征，每逢春节，家家必贴，这种风俗一直沿袭到现在。贴窗花不如贴门笺普遍，但稍微讲究点的人家，过年时总少不了剪几幅贴在门窗上装饰装饰。双“喜”字是结婚时专用的，大小随需要而定。“喜”字的剪法比较简单，只要将红纸两次对折，再按照单个“喜”字的半边字形相应剪下，一个完整的双“喜”字就出来了。

什样型剪纸是为刺绣、服装、床上用品等提供图案的，俗称“花样子”。境内流传的“花样子”有绣鞋样子、童鞋童帽样子、枕顶样子、床围样子和门帘样子等。图案以花草鸟兽等构成，图形简洁而又形象，像儿童鞋帽上的《花虎瞪眼》、枕头顶上的《鸳鸯戏水》《喜鹊登枝》等，一直是人们喜欢的传统样式。剪花样的人多是姑娘、媳妇，也有老太太，她们心灵手巧，剪出的花样栩栩如生，其中，也不乏很有造诣的优秀人才。例如四十里堡镇郚家庄的王玉贞，自幼酷爱剪纸艺术，一把剪刀，能在很短的时间内剪出七八十种花样，而且造型准确，生动传神。她的作品多次参加各种美展，其《刘海戏金蟾》的创作曾获全国美术展览优秀作品奖，本人也被吸收为中国剪纸协会会员。

舞蹈、剪纸之外，其他艺术形式也在一定范围内广为流传，并在一定时期产生过较大的影响。像传统民歌《沂蒙山小调》《攻打沂水城》，现代剧《一家人》《清水店》以及曲艺中的琴书、评书、落子、渔鼓等，都有一定的代表性。

沂水的民间艺术，形式古朴，注重实用，体现了中国民间艺术的优良传统，又具有浓重的地方色彩和乡土气息。众多的民间艺人和不同形式的民间艺术团体，是城乡文化建设和精神文明建设中不可缺少的轻骑兵。

实施建议

一、请根据当地的实际情况，将有关的民俗文化划分为若干个方面，然后按照个人兴趣分为若干个活动小组，利用假日到民间采风去。

二、活动结束后，以班级为单位进行一次采风成果汇报会，然后将同学们汇报的采风成果整理出来，在全校范围内进行展示。

2 进行专项调查

活动目标

1. 认识调查的重要性和调查报告的作用。
2. 学会调查的方法，掌握调查报告的写法和要求。
3. 能够参与专项调查活动并写出调查报告。

专项调查是针对某一工作、某一现象、某一事件或某一问题进行的调查活动。调查的结果以调查报告的形式呈现，目的是为了对该工作予以公正评价，对该现象做出客观解释，对该事件或该问题的解决提出可行的建议。

作为一种实践活动，专项调查的基本任务是为了某一特定目的进行相关资料的搜集，而搜集的资料就成为研究的主要依据。我们知道，调查研究是获得正确认识的重要途径，是做出正确决策和做好一切工作的前提。调查作为研究的基础，其重要性不言而喻。早在1930年，毛泽东同志就在《反对本本主义》中提出了“没有调查，没有发言权”的著名论断。直到今天，这一论断仍然具有不可超越的指导意义。作为中学生，虽然还没有介入社会参与工作，但学会调查，学会写调查报告，还是非常必要的。

一、学会做调查

1. 确定调查的目的和任务

调查不是盲目的，事先必须确定好调查的目的，譬如对初中生的阅读现状和趋势进行调查、对家庭教育对子女成长的影响进行调查，都是目的明确的调查项目。无论进行什么样的调查，都要把搜集资料作为第一要务，要在调查过程中获得真实可靠的第一手材料，为撰写调查报告奠定坚实的材料基础。

2. 选择调查的对象和方法

调查的对象，应根据调查目的来确定。譬如，要调查学校乱收费的问题，就以学生、学生家长、老师为调查对象；要调查学校周围环境的污染问题，不仅要调查学校的学生和员工，还要调查周边居民、有关单位和政府环保部门。

调查的方法很多，根据需要可以普查，也可以抽查。其具体形式，有实地考察、走访调查、问卷调查、电话调查以及召开座谈会等。在实际调查中，可以单用一种方法，也可以兼用其他方法。

3. 做好调查笔记，保存原始资料

在调查过程中要随时做笔记，内容包括调查对象的发言、调查人发现的情况、与调查有关的一些事实和数据等。对一些不好记录也不好携带的实物或实景，最好拍摄成图片作为原始资料保存起来。这些宝贵的第一手材料，都是写调查报告时用得着的。

4. 为了保证调查工作有条不紊、卓有成效地进行，要制定具体的调查计划，安排好调查的每一个环节。学生进行的调查活动，时间不宜太长，能用周末周日完成是最好的了。

二、学会写调查报告

写调查报告，就是将调查中搜集的材料加以整理和分析，然后将调查结果和研究结论按照一定的格式写出来。这样形成的书面文字就是调查报告。写调查报告，必须符合调查报告的一般格式和写作要求。

1. 调查报告的一般格式

调查报告由标题、正文、落款三部分组成。

（1）标题。调查报告的标题有两种写法。一种是规范化的标题格式，即“发文主题”加“文种”，基本格式为“××××调查”“关于××××的调查报告”“××关于××××的调查报告”等；另一种是自由式标题，包括陈述式、提问式和正副题结合式三种。在正副题结合的标题中，正题概括调查的内容或揭示报告的主题，副题表明调查的单位、地点、事情或调查的对象及范围。

（2）正文。正文一般分前言、主体、结尾三部分。

前言是调查报告开头的文字，有的交代调查的起因或目的、时间和地点、对象和范围、经过与方法等，从中引出调查的中心问题或基本结论；有的点明调查对象的历史背景、大致发展经过、现实状况、主要成绩、突出问题等基本情况，进而提出调查的中心问题或主要观点；还有的开门见山，直接概括出调查结果，如肯定做法、指出问题、点明中心内容等。撰写前言要精练概括，直奔主题，能起到画龙点睛的作用。

主体是调查报告中最主要的部分，详述调查研究的基本情况、做法、经验，以及从调查研究中得出的具体认识、观点和基本结论。这部分没有固定格式，常见的写法有两种：一种是按照事物性质进行归类，并列地从几方面来写；另一种是按事情发生的先后顺序安排材料，分成互相衔接的几部分，层层分析，说明问题。

结尾对调查报告的内容做出概括性的总结。结尾的写法不拘一格，有的归纳问题，加深印象；有的揭示实质，深化主题；有的指出问题，努力赶上；有的表达决心，展望未来；也有的因为正文都讲了，干脆略去不提。

（3）落款。落款包括署名和日期。基本格式是另起一行，将调查者姓名或单位和调查日期写在正文右下角的位置。如果调查者的姓名或单位已经在标题下面出现，就只写日期。

2. 调查报告的写作要求

调查报告是以书面形式向组织和领导汇报调查情况的一种文书，要求具有针对性、真实性和逻辑性。

（1）针对性。调查报告一般有比较明确的意向，相关的调查取证都是针对和围绕某一综合性或是专题性问题展开的。所以，调查报告反映的问题集中而有深度。

（2）真实性。调查报告是用叙述性的语言实事求是地反映调查的情况和结果，研究的基础是调查中获取的大量材料。因此，要对占有的材料进行核对、鉴别和分析，以便去伪存真，保证材料的真实性和准确性。因为调查是为了解决问题，如果材料失实，将会影响到领导决策的正确性，这与写调查报告的初衷是相悖的。

（3）逻辑性。调查报告离不开确凿的事实，但不是机械地堆砌材料，而是通过对事实和数据的严密论证探明事物发展变化的原因，预测事物发展变化的趋势，提示本质性和规律性的东西，从而得出科学的结论。

借鉴实例

调查报告两篇

关于中小学生快乐成长情况的调查报告

享受快乐童年是每个孩子成长的权利，拥有快乐童年是每个孩子发展的动力。为进一步保障儿童权利，贯彻“儿童优先”原则，促进儿童身心健康发展，优化儿童成长环境，株洲市妇联成立调研小组，开展以“快乐学习　七彩生活”为主题的全市中小学生快乐成长专题调研。此次调查采用问卷和座谈相结合的形式，调查对象为我市 7 ～ 14 岁的在校学生，年级分布在小学二年级至初中二年级。调研共发放调查问卷 1200 份，回收问卷 1185 份。

一、影响孩子身心快乐的主要因素

本次调查数据显示，影响孩子身心快乐的主要因素包括以下几个方面：亲子关系、师生关系、同学关系，其次是自我认知和理想信念也很重要。

家庭对孩子的直接作用最大。被调查学生中，76.5%的孩子认为全家人相处很好，很喜欢自己的家，只有 2.3%的学生表示不喜欢。当问到你是否喜欢和爸爸妈妈聊天或者玩时，45%的学生给出了很喜欢的答案，41.3%的认为一般，也只有 13.6%的学生说不喜欢。在面对一道假设提问“要是自己是别人家的孩子该多好”时，只有 6.1%的学生说是的。可见，我市中小学生对家庭的认同感、依恋感还是比较高的。好的亲子关系就是好的家庭教育，建立民主、平等、和谐的家庭关系对儿童身心健康发展有着不可替代的作用。

师生关系对孩子的身心影响很重要。74.9%的学生表示得到老师的表扬会很开心，12.2%的学生表示因为跟老师发生过争执或矛盾，在学校会很难受。通过调查，可以看出孩子们其实很在乎老师对他们的评价。同时，他们也很在意自己的考试分数，61.3%的学生感觉每次考试都会非常紧张，怕考砸，52.1%的学生认为考试得高分会让他们感觉很开心，只有7%的学生表示对分数高低无所谓。从以上数据不难看出，中小学生因为处在心理敏感期，对外界及自我评价还是以直观体验为主，他们更多的是在他人赞美的语言、欣赏的眼光中找到自我价值感。

同伴关系是孩子身心快乐的重要影响因素。有92%的学生表示拥有3个以上的好朋友，80%的学生认为和朋友们在一起最开心，56.9%的学生认为他们的朋友非常棒。在被问到“你最想把心中的秘密告诉谁”时，45%的学生表示最愿意和好朋友说。在本次调查数据中，特别值得欣喜的是孩子们其实并不像很多父母担心的那样沉迷网络，在被问到“你是否觉得在网上比在现实生活中更快乐”时，有68.9%的学生给出了否定的答案。联系以上数据可以看出，当孩子身边有足够多的亲密朋友时，他们更愿意和现实中的朋友相处，共享快乐。家长和老师应该多鼓励和支持孩子与好的同伴交往，正如一位名人所言，你是谁不重要，你周围的人是谁才重要。同伴之间的影响对孩子的成长是不可小视的，孩子们如何找到心性相投、兴趣相投并且能互相促进成长的伙伴，这需要家长予以引导和把握。

二、孩子的心理困惑

在本次调查中，调研小组认为有一组数据是值得社会共同关注的。

一是对学习的认识。被调查学生中，竟然有19.2%的孩子觉得学习没有意思。在与部分厌学孩子座谈时，他们说出了自己的想法，孩子们说他们其实也想学，但不愿意被逼着学，他们希望自我发展，不接受家长的拔苗助长，他们讨厌父母自己打牌、上网，却安排他们独自学习，他们讨厌父母要求他们这样那样，自己却安于平庸、享乐生活。

二是对学校的认知。被调查学生中，21%的孩子每天到学校的心情是郁闷和不愉快的。随着生活节奏的加快，越来越多的父母选择将孩子寄宿学校，在调查中发现，37.7%学生不愿意寄宿，32.3%的对寄宿无所谓，只有30%的选择愿意。

三是情绪的宣泄。当孩子们心中有秘密时，36.6%的学生选择了放在心里，谁也不说，7.98%的学生希望在网络游戏中去寻求释放，15.9%的孩子因为没有任何一项个人的兴趣爱好，而不知道如何安排闲暇时间，更多的时候是选择看电视。

针对现在未成年人心理压力越来越大，心理困惑越来越多的状况，株洲市妇联将在六一前夕成立湖南省首家株洲市妇女儿童心理健康服务中心。中心将开展以儿童发展性心理咨询为主、障碍性咨询为辅的心理辅导工作，服务涉及未成年人需要咨询、成长咨询、成功咨询、创新咨询等多个类别，旨在引导学生培养积极阳光的心态，解决中小学生中出现的无理想、无动力、无兴趣等心理问题。

三、快乐是学生生活的主旋律

此次调查问卷中虽然市妇联发现了一些阻碍儿童身心健康成长的问题，但也得到了一个让人倍感意外的答案，那就是虽然孩子中49.7%的学生每天只有1～2小时自主安排的时间，28.6%的学生甚至只有半个小时。虽然他们中间45.9%的孩子要在繁重的学习之后还参加两个或两个以上的课外辅导班，但是却有71.3%的学生认为自己是快乐的孩子，79.4%的孩子表示有机会和能力帮助到他人，非常愿意去做并感觉很开心，63.3%的孩子长大后的理想是成为一个对社会有贡献的人。

（材料来源：www.diyifanwen.com）

关于安家庄村经济发展的调查报告

安家庄村位于沂蒙山区北部，南靠群山，北临弥河，交通不便，长期闭塞，是当地有名的穷山村。自改革开放特别是20世纪90年代以来，山村发生了很大的变化，尤其近几年经济发展迅速。1998年春，村里通过民主选举选出了自己的村民委员会，新领导班子不负众望，使山村在几年时间便换了新貌。

首先，他们利用村里山地多的特点搞了果树种植：山下葡萄，山腰苹果，山顶山楂，又组织村里的女劳力搞起了桑蚕养殖。桑蚕养殖成本低，见效快，很快就调动起了大家的积极性，种植面积迅猛增长；村支部的领导专门到县里请来了桑蚕技术员进行指导，同时与县茧站建立合同，为全县提供部分蚕种。仅蚕种一项，就为村里增加了不少收入。

前年蚕茧不景气，丝绸出口下降，村支部便与县外贸联系，在村里建大棚搞起了肉鸡养殖。肉鸡产量高但需求不稳，党支部一班人便发动群众筹措资金，建起了冷冻冷藏厂。自从冷藏厂建立后，养殖业迅速发展，连鸭、鱼、虾等种类都有了专业养殖户。2002年春村支部又与邻近村庄联合办起了生猪养殖基地，计划年产生猪一万头，又开发了芦笋种植业，在山坡上大面积种植。芦笋是一种高营养蔬菜，在市场上很受欢迎。

新的村领导班子建立四年来，除了桑蚕生产、生猪养殖外，全村还建起各式蔬菜大棚150个，种植果树200多亩。山村人均收入从原来的不足500元增长到现在的1500元。村民们说，山村脱贫致富，党支部的领导起到了决定性的作用。

第一，想群众之所想，急群众之所急，真心实意为群众办事。党支部开会常说的一句话是："大伙选咱当干部，咱就该对得起村里的老少爷们。"山上果树浇水难，他们就从外地请来钻井队打了一口150米深的机井；村里河水污染严重，他们便贷款为村里安上了自来水；有些果树品种落后了，他们就跟县科技站联系，全部更换了新品种……"作为一名党员干部，就应该全心全意为人民服务。"他们是这么说的，也是这么做的。

第二，有发展眼光，领导群众走先进的路子。近年来人们生活水平不断提高，市场对花卉的需求不断增加。针对这种情况，村支部从1999年起就鼓励大家建大棚养花。2000年青州万红花卉市场建立后，村支部立即与之建立了产销关系，使山村的花卉生产走在了山区的前列。支部书记说，时代在发展，党员不能落后，这样才能领着大家向前走。

第三，调动群众的积极性。只要群众的积极性调动起来了，什么事情都可以做到。新的村支部一建立就实施了一整套文明户评定标准，每到年底举办一次文明户颁奖会，使文明之风吹进了家家户户。山村里迷信活动多，求神拜鬼的活动劳民伤财，村支部便组织了吕剧团，逢年过节就在村里唱上一台。就是

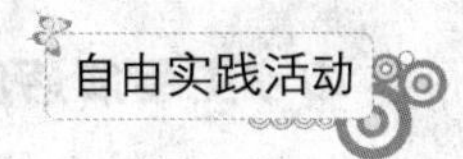

平常日子闲着没事，几个人也会凑在一起拉个二胡唱两句，自娱自乐，逍遥自在。这样一来，极大地改变了山村迷信的风气。

安家村旧貌变新颜的经验说明：一个村的党员干部干实事，便可使乡村脱贫致富；全国的党员干部都干实事，便可强国富民。

××年××日

（材料来源：www.zuowenw.com，有删改）

实施建议

一、组织小组座谈会讨论以下问题，然后按要求进行活动。

① 你发现身边有哪些环境问题？

② 你如何看待当今的环境问题？

③ 你看过关于环保的书籍吗？

④ 你参加过环保活动吗？

⑤ 你对周围的人宣传过环保知识吗？

⑥ 你想成为环境保护的小卫士吗？

⑦ 你认为应该怎样保护环境？

1. 依据提出的问题设计一份调查问卷，在全班范围内进行一次调查。

2. 统计调查结果并进行分析，共同起草一份调查报告。

二、跟人谈话，听报告，看电视，常常发现读错字的情况；走在大街上，满眼的招牌、标语、广告等，也常常见到写错的字。请对同学们或社会上读错字、写错字的现象进行调查，写一篇调查报告。

三、自选一个课题，利用星期天或节假日进行一次社会调查。

3 尝试写小小说

活动目标

1. 认识小小说，了解其特点和写作要求。
2. 尝试写小小说，体会创作的辛苦和乐趣。

活动指导

小小说又名微型小说、超短篇小说，是小说家族中的小兄弟，因其短小精炼，被人们誉为小说中的“盆景”和“微雕艺术”。尝试写小小说，可以品尝创作的甘苦，可以锻炼创造性的思维能力，阅读和欣赏小说的能力也会提高。

小小说的主要特点是篇幅短小，情节简单，人物集中，意蕴丰富。小小说虽“小”，但小说的所有要素都具备，因此，写好小小说必须了解小说创作的基本要求。

首先，了解小说塑造人物形象的方法。小说是通过塑造典型的人物形象来反映社会生活的。小说塑造人物形象的方法很多，其中人物描写是必不可少的。小说中的人物描写，主要是人物肖像、语言、行动、心理的描写。无论哪种描写，都要表现出人物的个性，让人读了产生这样的感觉：这个人本来就是这样的。在具体描写时，根据实际情况，可以从正面描绘，也可以从侧面烘托，给读者以更多的了解，使之产生真实感和立体感。

其次，设计好故事情节。人物形象是在故事情节的发展中逐步展示出来的，因此，小说创作非常重视情节的安排和提炼。在结构上，小说的情节一般包括开端、发展、高潮、结局几部分。写作时，要充分考虑如何开头，如何展开情节，如何进入高潮，如何结尾。小说的情节要求引人入胜，设计情节最好运用设置悬念、巧合等手段制造波澜，切忌平铺直叙。

第三，设置好人物活动的环境。环境对形象的塑造和情节的发展起着重要的作用，因此，环境描写不可忽视。环境包括自然环境和社会环境，写作时，一定要根据表现人物性格和情节发展的需要进行适当的描写。

具体到小小说的创作上，除了具备小说必不可少的人物、情节和环境三大要素外，还要根据小小说的特点，力求做到精微、新颖、巧妙。

1. 精微。精，指的是语言精练，不允许出现赘词冗句；微，指的是篇幅短小，一般不超过 1500 字。二者相辅相成，和谐统一。

2. 新颖。指的是取材新鲜，立意新奇，对生活有独到的发现和理解，并以之作为创作的素材，由一滴水折射出太阳的光辉，用小事反映出大主题，令人读来耳目一新。

3. 巧妙。指的是结构精巧，构思奇妙。结构上，力求做到组织严密，脉络清晰，照应周到；构思上，尽量在简单的情节中掀起波澜，尽量使开头引人入胜，结尾出人意料。

创作小小说是一件很辛苦的事，不是说写好就能写好的。

首先，需要有丰富的生活底蕴。小小说是社会生活的反映，没有对生活的观察和体验，没有一定的素材积累，是写不好小小说的。因此，要积极参与生活，体验生活，留心观察生活中的人，思考生活中的事，并随时记录自己的感悟，做生活的有心人。

其次，需要有丰厚的写作底蕴。而丰厚的写作底蕴是在坚持不懈的长期写作实践中形成的。初写小小说，应尽量选取自己熟悉的题材，写自己熟悉的生活；也可以“旧瓶装新酒”，对现成的题材进行扩写或改写；还可以发挥想象或联想，去摹写虚拟的世界。

此外，平时还需要做一些必要的练习，譬如进行人物或景物的片断描写、将读过的小说写成故事梗概、依据小说的某一点进行续写或补写等，以积累经验，为创作小小说做好准备。

中学生习作两篇

风 雨

□王晓燕

一天，班里转来了两位同学，一男一女。

男的叫风，嘴角老是浮着一丝抑郁的笑，眼睛像湖水一样深沉，似乎藏着无数的谜。女的瘦弱，略显苍白的脸上没有任何表情，眼皮经常耷拉着，偶一抬眼，眼光也是犹疑不定，让人看不透，弄不懂。她叫雨。

过了几天，一个聪明的同学发现了一个秘密：风、雨上学一起来，一起走，而且，她帮他买饭，他帮她打水。自来到学校，一直都是这样的。

“他们俩肯定有戏。”

“那还用说？他们可是一块转学来的。”

“一定是原来的学校待不下去了。”

“我看也是。”……聪明人充分发挥自己丰富的想象力，背后叽叽喳喳地议论着。

于是，一些同学便有意无意地疏远了他们，连看上去的眼神也变了。一种沉闷的空气飘散在教室里。

风、雨虽仍旧一起来一起走，但每次走进教室，都是低着头。

这天，当风、雨像往常一样走进教室时，聪明人便又开始了窃窃私语。

“喜糖！”不知谁喊了一句，教室里便一阵哄堂大笑。

雨的脸苍白得吓人，牙齿紧紧咬着下嘴唇，硬是没让眼眶里打转的泪水落下来。她飞也似的逃出了教室。风嘴角那抑郁的笑不见了，嘴唇抖动着似乎想说什么，但最终什么都没有说。呆了一呆，也随后逃出了教室。

落在他们身后的，是一阵没肝没肺的笑。

事情终于传到了老班的耳朵里。

在一个风雨交加的傍晚，风、雨被“请”到了老班的办公室。

“学生嘛，就应该像学生，要以学业为重……”风、雨脚还没有站稳，老班便开始了他那动之以情、晓之以理的循循善诱。

几乎半个小时过去了。尽管老班恩威并施、口干舌燥，但风、雨二人却还是不识相地低着头、闭着口。两人的脸色木木的，眼里一片呆滞。

面对风、雨的沉默，可怜的老班只好使出了最后的绝招——家访。

家访的结果：风、雨是兄妹俩，父母离异，投靠奶奶才转学到这里来的。

第二天，风、雨是亲兄妹的消息便在班上传开了。

“我早就看出他们是兄妹了。”

“我也早就看出来了。”

唉，聪明人就是聪明！

简评

这是一篇依据校园生活创作的小小说。男女生之间的相处一直是校园里一个敏感的话题，本文以小小说的形式反映了这一现状，并以出人意料的结局告诉人们要正确对待男生女生的相处。小说情节紧凑，人物个性鲜明，风、雨的压抑，聪明人的无聊，同学的冷漠等，都给人们留下了深深的印象和思考。题目拟得也好，语意双关，耐人寻味。

孔乙己之死

□刘洋

谁都说这是鲁镇最气派的住宅，大门两侧一对石狮怒目圆睁，两扇厚重的黑漆大门上的对联是“忠厚传家远，诗书继世长”，廊檐下四盏大红灯笼在黄昏中发出朦胧的光，灯笼上的“丁”字显得醒目。孔乙己浑身湿透，筛糠似的蜷曲在这高大的门楼角落里，望着纷纷的雨雪，努力回想着他是如何来到这个地方的。

今天下午，天阴沉沉的，风刺骨地冷。孔乙己花四文钱买了一碗酒喝下，在众人的哄笑声中，用手撑着，挪出了咸亨酒店。天空已经弥漫着雨和雪，孔乙己在雨雪下泥泞中用手吃力地爬着。断腿的疼痛，用手的劳累，雨雪的寒冷，使他多么想休息片刻啊！看到店铺中屋檐下避雨雪的人们对他那种嫌弃的眼神，他知道有人的地方是绝不容他休息的。他竭尽全力地爬着，再也坚持不住了，便糊里糊涂地躲到了丁举人这没有人来躲避的门檐下。

他太需要歇息了，不久便恍惚了过去。

此乃何地，屋舍俨然，车水马龙？……人们为何奔走相告？……只是我没法听清，管他呢，君子岂闻市井之语……为何逃跑……是天子驾到？我也回避……腿怎么不听使唤？“孔乙己吗？朕早闻你满腹经纶，封你举人如何？”……还有圣旨，早拟好的？啊！苍天不负我孔乙己！

这轿子太豪华了！……到何处？咸亨酒店……坐轿的感觉真舒服！腿怎么了？一定是坐时间长了麻了。这么多围观者？不用让他们回避，让他们看看我孔乙己是连半个秀才也捞不到吗？……亏你还是读书人，怎么能不要礼教了呢？岂不把百姓惯坏了，让他们回避？……给我打！让他们知道王法！

还是当街一个曲尺形的大柜台，人却变了。掌柜迎出来了，点头哈腰。短衣帮们当然是站着，都满脸郑重地呼孔老爷……这回该踱进间壁的屋子里要酒要菜，慢慢地坐喝……丁举人迎出来了，善意恭敬地笑着……这么多的钱！原来丁举人是个慷慨的人！……“孔老爷一步登天了呢。”……哼，多蠢的短衣帮，量你们不知“天将降大任于斯人也！”……小伙计变好了，请教“回”字的四种写法……“看准了，是这样。”……“在这儿干没出息，还是读书去吧。”……“怎么，穷？你没见我当初……”这群孩子又来了，这回可没有茴香豆……哎呀，这小东西撞得我好疼！

孔乙己正要发作。

风大了，雨和雪更大了，落到地上厚厚的软软的一层。那对“忠厚传家远，诗书继世长”的大门开了。门丁看了一眼蜷曲着的孔乙己，狠狠地踢了一脚，孔乙己从梦中醒来了。“滚！”随着怒吼，又是一脚。孔乙己便蠕动在满是雨雪的黑暗中。

第二天早晨，风停了，雨雪住了，天气更冷了，遍地盖上了硬硬的一层冰壳。有人发现，离丁府不远的地方冻死了一位老乞丐，身上严严地裹了层冰甲，只有那花白的胡子，还有几根在冷风中瑟缩着。有人说那是孔乙己，也有人说那不是，因为冻死的那位没穿长衫。

简评

这是一篇续写《孔乙己》的小小说。续作通过写孔乙己的梦幻，展示了他的内心世界，把一个热衷于功名、自命清高、迂腐不堪、至死不悟的封建读书人形象刻画得入木三分，揭露了封建科举制度的罪恶。人物性格和主题都忠于原作。丁举人大门上的对联、结尾处“他身上严严地裹了层冰甲”“冻死的那位没穿长衫”等语句，读来耐人寻味，深化了主题。

实施建议

一、写作热身

1. 下面这篇小小说写的是记者采访一个女青年的故事。原小说采用了对话的表现形式，现在略去了记者的问话，你能根据女青年的回答揣摩出记者问话的内容吗？请将记者的问话在文中的横线上补写出来。

背　景

____

“记者同志，我实在没有什么好说的，别把录音机对着我，也不要记录……”

____

“当时，我绝对没有想到是为了维护中马两国的友谊，真的，确实没有这样想！”

____

“事情再简单不过了。前天，下夜班路上，我捡到一个皮包，打开一看，里面全是外国钱。夜里，我不敢一个人在街上等失主，就赶紧跑到派出所，民警同志数了一数，有一万多美元。我从没见过这么多钱，不瞒你说，当时我心里还有点害怕哩！我想早点回家，可民警同志非让我留下姓名不可，我只好让他们看了看身份证。今天早上听说经过民警同志的努力，终于找到了失主。我刚刚知道失主是一位马来西亚的商人。我怎么会在前天就想到维护中马两国人民的友谊呢？”

____

“看来，你是非要我说出点什么不可？……好吧，我告诉你一个秘密，这个秘密我可从来没跟人讲过！”

____

“我妈妈是个清洁工，不到20岁就开始扫大街，一扫就扫了38年，直到去年扫不动了才退休。妈妈38年来扫出的垃圾能堆成山，也扫到过许多行人丢失的钱物。妈妈单位里有一本拾物交公的表册，妈妈38年来上交的手表就有148块，金项链17条，金戒指36个，钱包266只，至于硬币、钞票什么的，多得无法统计！……”

“有一回……妈妈在马路边捡到一个刚出世的女孩，这女孩就是我……”

“好了吧？明白了吧？不需要我再说什么了吧？”

2. 将下面的短篇小说缩写成一篇150字左右的故事梗概。

人与人

电影明星洛依德将车开到检修站，一个女工接待他。她熟练灵巧的双手和俊美的容貌一下子吸引了他。

整个巴黎全知道他，但这位姑娘却丝毫不表示惊异和兴奋。

“您喜欢看电影吗？”他禁不住问道。

“当然喜欢，我是个影迷。”

她手脚麻利，很快修好了车：“您可以开走了，先生。”

他却依依不舍：“小姐，您可以陪我去兜兜风吗？”

“不！我还有工作。”

“这同样也是您的工作，您修的车，最好亲自检查一下。”

“好吧，是您开还是我开？”

“当然我开，是我邀请您的嘛。”

车行驶得很好。姑娘问道：

“看来没有什么问题，请让我下车好吗？”

“怎么，您不想再陪一陪我了？我再问您一遍，您喜欢看电影吗？”

“我回答过了，喜欢，而且是个影迷。”

“您不认识我？”

“怎么不认识，您一来我就认出您是当代影帝阿列克斯·洛依德。”

“既然如此，您为何这样冷淡？”

“不！您错了，我没有冷淡，只是没有像别的女孩子那样狂热。您有您的成就，我有我的工作。您来修车是我的顾客，如果您不再是明星了，再来修车，我也会一样地接待您。人与人之间不应该是这样吗？”

他沉默了。在这个普通女工面前他感到自己的浅薄与虚妄。

“小姐，谢谢！您使我想到应该认真反省一下自己的价值。好，现在让我送您回去。”

二、自由创作

1. 由学生根据自己对生活的观察、体验和感悟，自拟题目创作一篇小小说。

2. 就学生创作的小小说进行讨论，比较优劣，分析得失，有针对性地进行指导，然后由各人进行修改。

3. 以学习小组为单位进行评选，推荐优秀者在班上展示。

4 创建自己的博客

活动目标

1. 认识博客，学会建立自己的博客。

2. 能够利用网络资源进行学习和交流。

活动指导

“博客”（Blog或Weblog）一词是“WebLog（网络日志）”的缩写，是一种十分简易的个人信息发布方式。拥有自己的博客，你可以充分利用博客超文本链接、网络互动、动态更新的特点，在你“不停息的网上航行”中，精选并链接全球互联网中最有价值的信息、知识与资源；也可以及时记录和发布你个人的思想历程、学习心得、生活故事、闪现的灵感等；更可以以文会友，结识和汇聚朋友，进行深度的交流和沟通。

初次建立自己的博客，首先要选择一家值得信任的网站，然后进行博客注册。

1. 打开网站首页，单击“用户注册”或者“注册”按钮进入注册页面；进入后，阅读网站的服务条款和声明，单击“我同意”按钮，进入“填写注册资料页面”。

2. 进入“填写注册资料”页面后，按网站要求填写注册资料。由于各个网站的要求不同，有的填写项目简单，有的则相对复杂一些，例如新思考网成长博客，就要求会员注册时填写用户名、昵称、性别、密码、密码问题、问题答案、E-mail 地址等。

填写注册资料时要注意两点：一是“用户名”不能少于 4 个字符，也不能多于 20 个字符，而且“用户名”一经填写便不可修改，所以要保证“用户名”的稳定性；二是牢记密码，不要忽视“密码问题”和“问题答案”，因为一旦发生丢失密码的问题时，“密码问题”和“问题答案”就是找回自己密码的凭证。

3. 注册资料填写完毕后，对填写的资料尤其是用户名进行检查。如发现问题，就及时进行修改；没有问题，就单击“下一步”按钮进入下一步。

4. 填写“选填信息”：“选填信息”主要是填写一些个人详细资料、联系方式等个人或者单位的信息。这一项没有硬性规定，可以填写也可以不填写。

5.“选填资料”填写完成后单击“完成注册”按钮，就完成了博客的注册。

完成了博客注册，你就拥有了自己的博客。这时，你就可以登录和使用自己的博客了。

登录自己的博客，有两种方式：其一，在网站首页直接输入“用户名”“密码”，然后单击“登录”按钮或者单击“回车键”即可；其二，单击“登录”蓝色圆形按钮，打开登录对话框，输入“用户名”“密码”，然后单击“登录”按钮或者单击“回车键”就行了。

成功登录后，就可以在自己的博客空间里发表日志或者进行后台管理。

1. 博客空间有“设置”按钮，点击“设置”会出现对话框。对话框有“模板设置”和“高级设置”两个重要选择：在模板设置中选择自己中意的模板样式预览，满意后可以保存；高级设置主要是涉及内容模块、页面版式、背景图片三种情况，其中有很多样式，你可以随意选择，直到满意为止。

2. 进入自己的博客空间后，选择博客，然后点击写新文章。在出现的对话框中，可以直接写文章，也可以粘贴保存在文档中的文章。点击右上角的全部功能，可以对自己文章的字体、颜色、背景色进行编辑，也可以插入图片或表情。

3. 链接博客网友：点击友情链接栏的“编辑”，在出现的对话框中依次输入链接名称（用户名）、链接地址（博客网址），然后点击确定链接即可。

4. 进行相册管理：点击相册——上传新相片，然后在“浏览”中找到自己要上传的图片，最后确定上传就可以了。要注意博客空间对图片格式的要求，防止上传失败。

5. 添置背景音乐：在背景音乐栏点击“编辑”，然后输入自己选定的音乐文件地址，就可以找到需要的音乐。注意博客空间支持的音乐格式，选择错误就不能上传音乐。

6. 修改个人资料：按照提示栏的内容进行操作即可。

创建自己的博客，要注意以下几点：

1. 确定主题。学生个人建立博客，不宜搞得过于复杂，主题尽量单一些，可以侧重于阅读、写作、音乐、摄影等。究竟用什么主题，要根据自己的兴趣爱好来确定。

2. 取个好名。博客的命名有一级域名或二级域名。一级域名是博客在搜索栏里的名称，一般是英文或者数字；二级域名可以输入中文，对自己的博客进行详细的描述。为了便于搜索与记忆，在避免跟别的博客重名的前提下，博客的域名要尽量短小、好记。

3. 安个好窝。博客都是依托一些专门做博客的网站，例如新浪网（www.sina.com.cn）、搜狐网（www.sohu.com）、中国博客网、百度空间、QQ空间等。找一个好的网站申请博客很重要。好的标准：首先是合法、健康，没有色情、暴力等违法内容；其次不以营利为目的，在申请的博客中没有插入广告的强制要求。

4. 广泛搜集材料。博客好不好，内容很重要。为了做到内容丰富，在确定博客主题的时候可以大量搜集材料。这些资料可以是自己原创的，也可以是从网络下载的。注意：下载的资料最好在引用的时候说明出处，以保护他人的合法权益。

5. 巧妙安排框架。为了使用方便，安排好博客的框架非常重要。一般的个人博客，大都分为日志、图片等几部分。其中，日志部分应该是最重要的，建议同学们在安排这一部分时对所有内容进行分类，最好按照分类内容再设几个栏目，以方便查找。

有了自己的博客，你就可以在博客里尽情展现自我了。

博客，会成为你生活中离不开的一部分。

希望同学们有自己满意的博客。

博客日志两篇

简单就是幸福

现代人每天生活在纷繁、复杂的社会当中，紧张、高速的节奏让人难得有休闲和放松的时光。人们在奋斗事业的搏斗中深感身心的疲惫。然而，如果你细心观察就会发现，一些身边人每天都在尽可能地放松自己，调整生活节奏，追求充实快乐的人生。看似纷繁的社会里，人们的生活方式其实也可以简单一些。大家在忙忙碌碌中体味着平凡的人生乐趣。由此我悟出一个道理，那就是——生活简单就是幸福。

生活简单就是幸福。一首优美的音乐、一支喜爱的歌曲，会让你心境开朗。你可以静静地欣赏你喜爱的音乐，可以在流荡的旋律中回忆过往，或者放空自己；你可以一个人在房间里大声地放着摇滚乐，也可以用耳麦在网上与远方的朋友静静地共享；你还可以一边放着音乐，一边做着家务……

生活简单就是幸福。一杯清茶，或一杯咖啡，放在你的桌边，你的心情格外地怡然。你可以浏览当天的报纸，了解最新的国内外动态，哪怕是街头趣闻；或者捧一本自己喜欢的杂志、小说，从字里行间获得那种特别的轻松感和愉悦感……

生活简单就是幸福。经过精心的烹制，一桌可口的菜肴就在你的面前，你招呼家人快来品尝，再备上最喜欢的美酒，这是多么难得的享受！

生活简单就是幸福。春暖花开的季节，或是清风送爽的金秋，你和家人一起，或是与朋友结伴，走出户外，来一次假日的郊游，享受大自然带给你的美丽、芬芳。吸一口新鲜的空气，忘却都市的喧嚣，身心仿佛受到一番洗涤，这是一种别样的轻松感受！

生活简单就是幸福。你参加朋友们的一次聚会，那久违的感觉带给你温馨和激动，在觥筹交错之间你享受与回味真挚的友情。朋友，是那样的弥足珍贵……

生活简单就是幸福。周末的夜晚，一家老小围坐在电视机旁，尽享团圆的欢乐……

……

现代人越来越会生活，越来越会用各种不同的方式来放松自己。垂钓、上网、打牌、玩球、唱卡拉OK、下棋……不一而足。人们根据自己的兴趣爱好寻找放松身心的最佳方式，在相对固定的社交圈子里怡然地生活，而且不断地扩大交往的圈子，结交新的朋友……

有时，你会为新添置的一套漂亮时装而快乐无比；有时，你会为孩子的一次小考成绩优异而倍感欣慰；有时，你会为刚参加的一项比赛拿了名次而喜不自胜；有时，你会为完成了上司交给的一个任务而信心大增……

生活简单就是幸福！

生活简单就是幸福，不意味着我们放弃了对目标的追逐，而是我们在忙碌中的停歇，是身心的恢复和调整，是下一步冲刺的前奏，是以饱满的精力和旺盛的热情去投入新的“战斗”的一个“驿站”。

生活简单就是幸福，不意味着我们放弃了对生活的热爱，是于点点滴滴中去积累人生，在平平淡淡中寻求充实和快乐。

放下沉重的负累，敞开明丽的心扉，去过好你的每一天。

生活简单就是幸福！

（选自360doc个人图书馆）

写给女儿的日记（189）

□肖兵

2012年11月14日 星期三 晴

女儿，当你睡下的时候，我又开始写日记了。无数个夜里，记录你生活的点滴已经成了我的习惯，但今天，我想对自己也想对你说，这恐怕是我连续写给你的最后一篇日记了。

你知道的，到今天为止，我已为你坚持写了一年的日记。回过头来看看，三百六十五个日子里，我一共为你写了一百八十九篇日记，合二十七万字。

我已经忘记了给你写这些日记的初衷。或许是想为你的初中生活留下一些文字印象，或许只想检验一下自己做事情有没有毅力，或许是我感觉老写那些散文之类的文章过于单调，或许是缘于有些人有些事对我的启发……或许，又什么都不是。

总之，写了就写了，文字摆在那里，鲜活、灵动。这世上最奇妙的东西就是文字，只要你肯亲近它们，编织它们，它们就会按照你的意愿转化成每个人都能读懂的文章。随手翻翻，过往的日子便清晰地浮现在眼前。喜也有，怨也有；酸也有，涩也有。

我仍会继续写日记，日记里仍旧会写到你，但这般单一、执着的专为你而写，大概不会有了。终止这样的行为，其实是一件很痛苦的事情，就像一个天天在海里捕鱼的渔民，忽然在某一天被告知必须要弃船登岸，拿起锄头犁耙去种地。

我不得不终止专为你写日记的行为，因为你开始在学校上晚自习，我们每天相处的时间越来越短，毕业班沉重的升学压力压着你，又使得我们交流思想的机会越来越少。我还发现，随着年龄的增长，你已经开始学会隐藏自己的观点，有时候你当面附和了我的想法，但转身又按照自己的意愿去做。这是好事，证明你在长大，开始有自己的主见，在逐步走向成熟。

陪你走过一段，引你走向成熟，或也是当初为你写日记的一个原因。而已经学会飞翔和觅食的鹰，就没有过度依赖亲鸟的必要了。亲鸟也该学会舍弃和放手，该出手时就出手固然必要，该放手时就放手原也是一种明智。

夜很安静，我坐在桌前，轻轻地在键盘上敲打着这些文字，记录着生活的点点滴滴。

生活原本就是一条坎坷不平的路，俗尘中无数的小欢小喜、小忧小悲，我们曾一起经历过。这个世界，一定会为你铺展出更加纷繁绚烂的明天，你也一定能走得更加坚定、踏实。

今后，不管你走得多远，都要记得回头。生活是一本大书，在你读不透的时候，记得身后还有个我。我无法为你推开遇到的每一堵墙，也无法替你消除人生路上的每一块绊脚石。如果能，我自然乐意为你付出一切，可我不能，也无法能。扶持的双手终须放开，这是在你成长路上必然的选择。

每个人都应该有个梦想，每个人都应该在追求梦想的路上大踏步前行。放下这一段，我也得开始写点别的东西了，我始终觉得我还能写出让自己更满意的文字。我知道，你一定会理解的。

要坚定地相信，别人能做到的，自己一定也能做到，而且会做得更好。

今夜，书房里有些冷，好期待一场大雪到来，天地洁白，浮尘洗尽，一切从零开始……

（选自肖兵的博客，略有改动）

实施建议

一、按照“活动指导”创建自己的博客。

1. 在创建博客过程中相互观摩，共同体验学习的快乐。

2. 跟同学分享自己的博客日志，举行一次学习成果展示活动。

二、利用互联网开辟更多的交流平台，如 QQ 空间、微博等。

三、创建博客、开通 QQ 空间等活动都需要在电脑上运行，因此，本项活动仅供有条件的学校或个人进行。

附

中学生写作活动活页稿纸

学校________________班级______________姓名______________

自主写作

题目：____________________________

500

600

700

800

交流评议

（一）质量评价表

目标评价（40 分）				常规评价（60 分）			
等级	赋分	评价结论	得分	项目	赋分	评价结论	得分
一等	40 ～ 36			内容	20		
二等	35 ～ 24			语言	25		
三等	23 ～ 10			结构	10		
四等	9 ～ 0			书写	5		
综合评价：							

（二）评议纪要

修改升格

题目：______________________________